◇ 和创造世界名牌的人 『 一起放飞梦想』

◇ "股神"巴菲特和他的财富王国

gushen bafeite he tade caifu wangguo

◇ 陈 曲◆编著

吉林出版集团有限责任公司

图书在版编目（CIP）数据

"股神"巴菲特和他的财富王国 / 陈曲编著. —— 长春:吉林出版集团有限责任公司，2013.10

（和创造世界名牌的人一起放飞梦想）

ISBN 978-7-5534-3408-7

Ⅰ.①股… Ⅱ.①陈… Ⅲ.①巴菲特，W.—生平事迹—青年读物②巴菲特，W.—生平事迹—少年读物 Ⅳ.①K837.125.34-39

中国版本图书馆CIP数据核字（2013）第237848号

"股神"巴菲特和他的财富王国
"GUSHEN" BAFEITE HE TA DE CAIFU WANGGUO

编　　著：陈　曲
项目负责：陈　曲
责任编辑：金　昊
出　　版：吉林出版集团股份有限公司
发　　行：吉林出版集团社科图书有限公司
电　　话：0431-81629727
印　　刷：北京一鑫印务有限责任公司
开　　本：710mm×960mm　1/16
字　　数：100千字
印　　张：12
版　　次：2014年3月第1版
印　　次：2019年7月第2次印刷
书　　号：ISBN 978-7-5534-3408-7
定　　价：23.80元

如发现印装质量问题，影响阅读，请与出版方联系调换。0431-81629727

梦想与生命共存　传奇与我们同在

当你拥有这套《和创造世界名牌的人一起放飞梦想》系列丛书并真正读懂它的时候，祝贺你，你已经向成功又迈近了一大步，并可以为自己的人生勾画一张蓝图了。

开卷有益，我们不是猎奇，不是对世界名人和超级品牌的奇闻轶事简单地一声惊叹，而且通过阅读，让我们的视野变得更加开阔，让我们能够更好地认识这个世界，并找到适合自己的成功之路。

这是一套全方位满足你阅读愿望的好书，文字鲜活，引人入胜。这里有商界巨鳄的传奇创业故事，也有他们普通如你我的日常生活，当你随着一行行文字重走他们的人生之路时，你的心一定会在波澜起伏中感到一种快意。或许他们的成功不能复制，但是他们的坚韧、执着、宽容——这些成功的要素，我们可以复制。

通过阅读名人的成长故事，重温名人的创业之路，我们会发现，健全的人格、自由的意志、高远的理想、敢于实践的勇气、高瞻远瞩的见地、坚毅勇敢的性格、理性处世的原则、独立思考的习惯、幽默风趣的表达方式……一个人成功的诸多要素都以具体而形象的方式展现在你的面前。

每个人都有自己的生活轨迹，然而成功之路殊途同归，这一路上你的行囊里必须要装入梦想、希望、宽容和坚韧。

请给自己一个梦想吧！梦想是成功的种子，梦想是希望的支点。从这套书中你会发现，每一个了不起的品牌里都承载了品牌创始人那激越的梦想。是梦想，让他们充满激情，斗志昂扬；是梦想，在困境中带给他们希望，让他们有了坚持下去的勇气；是梦想，激励他们不断向前进！

为梦想不懈地努力吧！从这套书中你会明白，任何人的成功都不会一帆风顺，在鲜花和掌声的背后，有太多不为人知的痛苦。那些创业中的失败、徘徊和挫折，对我们来说更具有启迪的价值。真正的勇敢者，并不是无所畏惧，而是在面对挫折的时候，能及时调整自己，正视艰难困苦，不放弃希望。所谓成功，不过是努力的另一个名字罢了。

伟大的戏剧家莎士比亚曾说："一个最困苦、最卑贱、最为命运所屈辱的人，只要还抱有希望，便无所怨惧。"

生命只有一次，让我们在阅读中汲取无穷的力量吧！《和创造世界名牌的人一起放飞梦想》系列丛书会带你走进一个传奇世界，仔细阅读并把你的梦想付诸实践，你也许会成为下一个传奇。

带上我们的梦想启程，为我们璀璨夺目的人生而奋斗！

目录
Content

前 言　001

第一章　奔跑的"火球"　001

  第一节　我的天赋不是拧螺丝　003

  第二节　瓶盖经济学　007

  第三节　不爱洗澡的巴菲特　010

  第四节　数字和信仰　014

第二章　成长之路　017

  第一节　一枚高尔夫球的教训　019

  第二节　心中的"潘多拉盒子"　023

  第三节　但行好事，莫问前程　027

  第四节　人生需要拐个弯　030

第三章　打击下的改变　035

　　第一节　天才也会被拒绝　037

　　第二节　更难的是面对自己　041

　　第三节　第二眼爱情　045

第四章　最有魅力的人格剪影　049

　　第一节　49美分的账簿　051

　　第二节　巴菲特最崇拜的人　055

　　第三节　你出钱，我出智慧　058

第五章　我思故我在　063

　　第一节　可说的与不可说的　065

　　第二节　史上最贵的晚餐　069

　　第三节　信任的力量　073

　　第四节　比尔·盖茨眼中的巴菲特　077

第六章　快乐哲学和幸福法则　083

　　第一节　我从不打最后一个洞　085

　　第二节　儿女是最好的老师　088

　　第三节　至简主义　093

第七章　命运选择了我　097

    第一节　鱼与熊掌　099

    第二节　金钥匙和金匕首　104

    第三节　股神的遗产　108

第八章　成功的记事簿　113

    第一节　有了想法，马上去做　115

    第二节　从点滴做起　118

    第三节　"旧雪茄烟蒂"式的投资　121

第九章　成功是减法　125

    第一节　别理会乌鸦的聒噪　127

    第二节　将幸运永远传递　130

    第三节　规避潜在的风险　133

    第四节　核爆炸和人口战争　135

第十章　直面现实的勇气　139

    第一节　巴菲特也会错　141

    第二节　简单的就是最好的　144

    第三节　商场如厨场　147

第四节　巴特勒法则　151

第十一章　等一等灵魂的脚步　155

第一节　生死顿悟　157

第二节　办公室的诺亚方舟　159

第三节　宅男的头脑风暴　161

第十二章　上帝定义财富，我们定义幸福　165

第一节　双面巴菲特　167

第二节　节俭的"圣诞老人"　170

第三节　"股神"的接班人　174

前　言

Introduction

　　生活中，巴菲特是个谦谦君子，他经常面带笑容，虽然体格健壮，但是并不显得粗鲁，因为他的方脸上经常架着一副玳瑁眼镜，根据《纽约时报》的揭秘，这副眼镜也颇有来历，是英国前首相撒切尔夫人送给他的。

　　巴菲特身材不高，不变的是嘴角的微笑，不过经常变动的是他的体重，常常在200磅和300磅之间徘徊。

　　巴菲特的脸色有些苍白，经常显现出一种疲惫的神情，这是他专注于数据分析的结果，这个相貌平常的人，经常被看作是公司的保险员或者社区的义工，很少被看作是一家大公司的总裁。伯克希尔公司的员工说："刚来的时候，我并不能一下子认出巴菲特，因为他实在是太平常了，除非他头上戴着一个上帝的光环。"

　　巴菲特衣着很随便，他的西服是保守的欧洲剪裁，并且经常显得不合身，主要是因为他的鞋子磨损得很厉害，领带也皱皱巴巴的，和西服的风格很不统一。他最爱穿的是松松垮垮的

T恤衫，上面还有华尔街免费赠送的标志。有人打趣他，说他从来没有认真地梳理过头发，因为每次见到巴菲特，他都是头发蓬乱的样子，好像是刚从床上爬起来。巴菲特自嘲说："相比面对面的谈判，我更喜欢开电话会议，因为这时候的自己是最自信的，电话那头的员工只能听到我的声音，根本看不到我的容貌。"

巴菲特不像是一个衣冠楚楚的商人，倒像是一个一心扑在科研上而不拘小节的商学院教授。巴菲特对所有装饰性的行为都毫不在意。

据说，巴菲特有一次去外地开会，一个月后回家，巴菲特夫人利用这个机会将自己的家重新装修了一遍，想在巴菲特回来之后给他一个惊喜，没想到，回家之后的巴菲特一头扎进了书房，根本没有注意到家里装修的变化。

一次，巴菲特的女儿和他的妻子一起去商场，小苏珊说："妈妈，咱们给爸爸买一套新衣服吧，看看他，一个大公司的老板，但是一套衣服已经穿了几十年了，且不说它坏没坏，就是我们看着也都厌烦了。"

于是两个人给他买了一件驼绒夹克和天蓝色的运动服。

但出乎意料的是，巴菲特并没有表现出特别的欣喜，他一脸严肃地对女儿说："或许你们在买衣服之前应该问问我的意见，要知道我已经有了两款同样的衣服，所以，趁着我还没有穿过，赶快将这两件衣服退掉，衣服这种东西，有穿的就行，不用太讲究。"巴菲特的神情严肃而认真，所以他的妻子和女

儿不得不再次来到商场，将刚买的衣服退掉。

小苏珊终于明白："我现在才知道是怎么回事，以前我总认为是妈妈不好，从来也不打扮我的爸爸，但是实际情况是，我爸爸的衣服好像黏在他身上一样，他根本不需要新衣服，除非旧衣服已经破了，或者脏得再也洗不出来了，他才会主动换掉它们。"

巴菲特的脸上总是挂着天真好奇的神情，但是遇到涉及自己原则的问题时，他寸步不让，坦率的语气总是让人感到尴尬，但是，这就是真实的巴菲特，当他用淡褐色的眼睛盯着你看的时候，你一定要注意了，因为往往这时候他要摘下玳瑁眼镜，然后告诉你，你也许正在犯一个错误。

巴菲特无论说什么事情，总是喜欢用数据说话，天生的理科生思维，又夹杂着文科生的幻想与幽默："会计学，是我最钟爱的，它本身就是最简洁的商业语言。别指望有人会通过模仿超越我。因为我的生活轨迹本身，就是不可复制的。那些谈论什么股神的接班人的话题，往往是徒劳无功的街谈巷议，原因很简单，我根本就不是什么股神，又哪来的接班人？"

巴菲特不喜欢觥筹交错的酒会和沙龙，因为巴菲特自认为很难从交谈中获得什么新的想法和知识，人只能通过一个人的冥想和阅读，从内外两个方面修炼自己的心性。

巴菲特对此深有体会，他为自己深居简出的行为辩解道："有名人曾经说过，谈话确实能增强了解，但是每次谈话的时候，语言一出口，我就会觉得自己异常空虚，只有在沉默

的时候，在阅读的时候，我才感到自己是真切存在着的。所以，不要害怕孤独，孤独的人往往都是天才。"所以，巴菲特对待聚会的态度是可有可无，即使实在推脱不过，他也不愿意成为聚会的焦点，他喜欢安静地坐在角落里，拿着一杯可乐，在心中默算各种报表和数据。随着可乐杯摇晃的，是巴菲特最爱的数字。

巴菲特总爱对自己公司的员工说："要用几年的时间，连续不断地追踪一只股票的盈利涨跌，如果你事先做了很多功课，你就会在10分钟之内做出是否购买的决定，如果你没有做足功课，那么你持有这只股票的时间也绝不会超过10分钟。"

巴菲特并不喜欢扮演经济学导师的角色，因为他觉得自己本身就是在孜孜不倦追求新知识的学生。他唯一能做的就是运用自己掌握的经济学常识，来进行市场博弈。巴菲特认为，商业领域需要投资者进行终身学习，如果裹足不前就会被市场大潮所吞噬。所以他的大脑很少有休息的时候，总是在筛选各种有价值的信息，巴菲特将之形象地称为"轮换耕种"。

所谓的"轮换耕种"，就像农民种地一样，他的大脑总是可以做两种不同的决策，一方面是巴菲特对公共事务的参与，另一方面则是伯克希尔公司的发展以及桥牌的打法，棒球运动员的跑位以及高尔夫球的最后一个洞，等等。

巴菲特的传奇之处，并不是他的博闻强识，而在于他敏而好学的人生态度，所以使得他80多岁还能站在世界投资领域的潮头，乘风破浪，向前进军。

Warren Buffett

第一章　奔跑的"火球"

■ 第一节　我的天赋不是拧螺丝

　■ 第二节　瓶盖经济学

　　■ 第三节　不爱洗澡的巴菲特

　　■ 第四节　数字和信仰

Warren Buffett

第一节　我的天赋不是拧螺丝

生活的关键是，要弄清谁为谁工作。

——巴菲特

1930年8月30日，巴菲特出生于美国奥马哈市。据说那一天的天气闷热潮湿，并没有什么特别之处，如果说那个时代有所不同的话，那也许是人类历史上最颓废的时代之一，因为正值经济大萧条的中期，人们对经济的发展失望透顶，并没有看到任何走出危机的希望。

约翰·巴菲特是巴菲特家族来到美国的第一人，他来到美洲新大陆，做了一名毛纺织工，他的梦想是有一个安身立命的家，并没有想到百年之后，自己的家族竟然能出现一个有世界影响力的亿万富翁。

西德尼·巴菲特是小巴菲特的曾祖父，1869年8月20日，他在奥马哈市第十四大街开设了一家食品杂货店。这是个类似于今天的超市的杂货铺。因为他经营的规模非常大，运输货物的骡马被整齐地拴在后院的马厩里，杂货店里经常车水马龙，川流不息，或许，就是从这一代开始，巴菲特家族的身体里，开始流淌起商业运营的血液。

『股神』巴菲特和他的财富王国

霍华德·巴菲特是沃伦·巴菲特的父亲，他是一位股票经纪人，在1931年创立了巴菲特-福尔克公司，同时，他又是一位出色的政治家，曾两次在美国国会任职。

巴菲特随父亲来到了华盛顿市，他用两年半的时间修完了三年的学分，于1947年6月取得毕业文凭，在同届的350名同学中，巴菲特名次靠前，名列第16位。与他的那些同学相比，中学老师对巴菲特的评语并不多，不过却有着深刻的洞察力和远见："沃伦·巴菲特是威尔逊中学各个俱乐部的活跃分子，参加过辩论队和高尔夫球队。在语言和运动方面都有自己的天赋，他喜欢数学，对数字有着天生的敏感，适合做一名股票经纪人或者金融投资者。"

中学毕业那年，沃伦·巴菲特和同学唐·丹利共同出资350美元，购买了一辆20年前出产的劳斯莱斯轿车，他们并不是自己使用，而是对外出租，租金为一天35美元，有着经商天赋的巴菲特发现，只需10天，他就可以收回成本，显然，这是个只赚不赔的买卖。

丹利成了巴菲特第一个也是终身的合作伙伴。他永远也忘不了和巴菲特前往巴尔的摩购买汽车的情景。丹利激动地说："这是我和巴菲特的第一次合作，要知道，我当时就看出来这是个与众不同的家伙。这辆车是在巴尔的摩南郊一个废品收购站发现的。它已经没啥使用价值了，被称作妇女专用的超市购物车。但是巴菲特看中了它，执意要购买回来。他说利用这个废铜烂铁的价格，翻修之后会派上大用场，这是个稳赚的

买卖。因为成本太低了，几乎可以忽略不计，剩下的都是利润。"

丹利似乎又回到了几十年前，两个小伙伴一起创业的时光。"返回华盛顿的路程很有意思，这是个没有牌照的二手车，每隔几英里就要加一次油，我们大概一共加了7次油，行驶的路程只有40英里。因为没有牌照，被警察拦住的时候我以为一切都完了，没想到巴菲特镇静地拿出他父亲的国会议员证，原来他早有准备，这是个凡事心细如发的家伙。回到家里，沃伦两手一摊，他说自己天生就不会拧螺丝帽，不过他要做的就是鼓励我修理这个老爷车，而他自己，则拿着一本商业书，给我大声地朗读。"

除了劳斯莱斯车出租生意之外，丹利和巴菲特还合伙出售花生和经营着一家游戏机屋。巴菲特将这个只能容纳两个游戏机台子的小屋，命名为"威尔逊游戏机公司"。

丹利笑着说："这样的命名看起来很滑稽，因为有些名不副实，但是可以看出巴菲特的野心，他就是这么自信的一个人，从来也不怨天尤人。我知道他一定会有大成就，这个游戏机房，我们并没有指望能迅速赚钱，可是当第一天我们发现收益是4美元的时候，我们都要疯掉了，原来赚钱可以这么容易，付出的代价仅仅是向着钱的方向走一小步，就足够了。那一刻起，我就知道巴菲特是个了不起的天才，不过实话实说，我压根没想到他能成为今天这样的大富翁。"

几年之后，在股票投资上略有小成的巴菲特，并没有忘

记这个和他一起经营游戏机的小伙伴，他经常写信给丹利，告诉他一些经营之道。丹利一直保存着这些充满着激情和梦想的信件。"要知道，这是无价之宝，倒不是巴菲特已经成为一个名人，也不是因为这些信件里有什么金玉良言，我很珍惜这段友谊，字里行间会有一些闪光的东西，这些东西实际上是一个词——友谊。"

为了这份友谊，丹利把25000美元投入到巴菲特合伙公司。后来，他又购买了当时还名不见经传的伯克希尔股票，后来就再也没抛售过。

从1997年开始，丹利就在网上每天查看伯克希尔股票的信息，他说："我很珍惜这段回忆，我和巴菲特的友谊，是从那次购买劳斯莱斯旧车的路上开始的，巴菲特说他的天赋不是拧螺丝帽，我知道他善于利用自己在数字和经营上的天赋，他成功了。我持有伯克希尔股票已经30多年的时间，从未抛售过，而且我以后也不打算抛售哪怕其中的一股，因此，它的价格波动对我来说已经毫无意义，不过，我还是习惯于每天上网查看一次它的价格，倒不是什么投资心态，而是像能看到巴菲特——我的老朋友一样，每天看一眼，就当是打招呼了。"

第二节　瓶盖经济学

做我们所喜欢的，然后成功就会随之而来。

——巴菲特

在巴菲特的记忆里，母亲总是和他强调1929年的秋天，那一年不仅是巴菲特生命孕育的开始，更是经济大萧条的开始。

巴菲特后来回忆说："我父亲是一个股票经纪人，当时的股市一泻千里，他不得不整天呆在家里，因为市场每时每刻都有坏消息传来。他的情绪一定低落到了最低点，我做过一个有趣的数字实验，我应该是那年冬天在母亲的子宫里孕育。所以，奇怪的是，我对那一年的股票崩盘有着莫名其妙的亲切感。倒不是我思想里有幸灾乐祸的因素，而是我的生命是从一次世界性的失败开始的。"

但是这场经济危机带来的也不都是坏消息，想一想，如果他父亲总是西装笔挺地出现在华尔街，每天只是打电话回家问候家人的话，巴菲特将会减少多少和父亲相处的时间啊！而这些宝贵的时间，是小巴菲特一生受用不尽的财富。

老巴菲特送给小巴菲特的第一件礼物是一个戴在手腕上的货币兑换器，就是一个简单的计算工具，能算出一张整币能兑

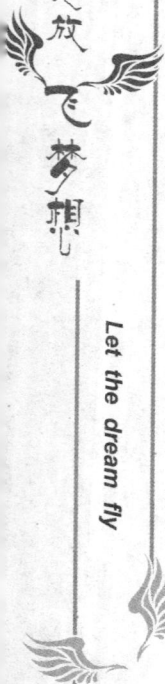

换出多少零钱。老巴菲特十分疼爱自己的儿子，决心把他培养成一个懂金融的小行家，从精心选择的礼物就可以看出一个父亲的良苦用心。

小巴菲特倒是不懂什么金融原理，不过他十分喜爱这个玩具，每天戴着这个铁家伙四处游荡。"从某种角度说，我弟弟从小就是个金融天才，他显现出和别的孩子不一样的天赋，因为他能迅速地算出一大串数字的加减乘除。"巴菲特的姐姐多丽丝后来不无骄傲地回忆说。

和别的小孩子不同，他并不喜欢到处乱跑，而是像个大人似的一脸严肃，和小伙伴们玩兑换零钱的游戏，这时候他手腕上的货币兑换器就派上了用场，大家都爱和巴菲特玩。一些小贩也乐意叫上巴菲特在身边，因为他总是能不假思索地告诉自己该找多少零钱。

"巴菲特做出现在的成绩，我一点也不感到惊讶，倒不是他有多么勇敢，恰恰相反，他有些谨慎过分，比如，他小时候喜欢弯着膝盖走路，因为他怕直着膝盖走路跌倒，那时候，我就觉得他是个与众不同的孩子，将来一定能做出一些惊天动地的大事。"多丽丝对弟弟的童年表现记忆犹新。

巴菲特的第一次商业冒险，是从事可口可乐的销售工作，那一年，他只有6岁。

这也可以解释，后来为什么巴菲特对可乐公司的股票情有独钟，拥有大量的可乐公司普通流通股。因为他从小就觉得这个魔水十分神奇。他花了25美分，以批发价买来6瓶可乐，然后以每瓶5美分零售给周围的邻居，巴菲特运用的是销售心理学，因为有些人并不需要大瓶可乐，而喜欢饮用小瓶装的可乐，所以巴菲特利用差价，每次赚取5美分。这虽然有些不起眼，但是计算起来，每次有近20%的收益。这也是他为什么后来成为世界级富翁的主要原因——6岁的巴菲特就懂得成本核算原理。

不过四年之后，巴菲特的兴趣却转移了，他更喜欢出售百事可乐。他倒不是认为百事可乐的品质更胜一筹，而是一个很现实的问题："原因很简单，百事可乐的瓶子比可口可乐的大一倍，而两个品牌的售价却是一样的，要是你，你会选择什么呢？"巴菲特回忆这段往事的时候，还忍不住进行了一次自我解嘲。

其实，巴菲特的回忆遗漏了一件有趣的事情，这也反映出巴菲特注重细节的过人之处。大多数的孩子喝着爽口的汽水，很少有人会在意那些毫不起眼的瓶盖，但是爱动脑筋的巴菲特却经常收集一些汽水瓶盖，同伴们都不理解，后来巴菲特终于说出了自己的真正用意。原来，他在数哪种汽水的瓶盖最多，这就意味着这种汽水最畅销。所以，他选择了当时还名不见经传的百事可乐。

巴菲特对数字的敏感，是一个成功商人的重要品质，毫无疑问，这来自于他父亲的遗传，也来自于母亲的日常培养。

而且巴菲特平日里博览群书，他居然能就美国城市和乡村人口的双向交流发表几个小时的演讲。他在奥马哈市的罗斯黑尔小学上学的时候，是学校里德智体美全面发展的好学生，因为他不光有健硕的体魄，还有一个早熟的大脑。

当同学们还在做游戏和阅读连环画的时候，他已经开始一本正经地阅读成功人士必看的杂志《世界先驱报》，与众不同的是，他不仅浏览一些重要的社会经济新闻，还喜欢留意26个字母重复出现的频率。这并不是一件无意义的事情，这种无意识的训练，使得巴菲特将来在阅读公司简报的时候，总是一下子能发现冗长的报告的精髓所在，也能一下子挑出报告里的各种错误。

巴菲特的数学成绩十分出色，因此在小学期间就跳了一级，成为同龄人中的佼佼者。

巴菲特还是保持了沉默稳重的特点，因为他发现很难将一件事情向别人表述清楚，但是他很容易将一个道理想明白，所以，他选择了沉默和思考。

第三节　不爱洗澡的巴菲特

> 如果自信，就会随时准备捍卫自己的思想。
>
> ——巴菲特

小学时，巴菲特有个独特的绰号叫"不爱洗澡的巴菲特"。

这个绰号说明巴菲特生活上有些邋遢，另一方面也说明巴菲特将主要的精力用在了他认为更重要的事情上。

巴菲特认为，这个世界上最重要的事情莫过于读书。他的阅读有些"饥不择食"，博览群书，且乐此不疲。很快，家里的藏书已经被巴菲特翻遍了，后来又借遍了亲友的图书，最后，老巴菲特只好给10岁的小沃伦办了一张奥马哈市图书馆的会员卡，于是，巴菲特成了这个图书馆几十年的忠实读者。

巴菲特的姐姐多丽丝回忆说："我爸爸认为读书会让一个人的头脑僵化，而农场的劳动会使孩子树立正确的人生观和价值观，他想通过劳动来培养后人努力工作的好品格。但是很遗憾，巴菲特对在赤日炎炎下的劳动毫无兴趣，他喜欢在屋子里静静地阅读。"

巴菲特的父亲是一个不很成功的商人，所以他有些厌倦了商场上的尔虞我诈和勾心斗角，他希望自己的孩子成为一个虔诚的神职人员。但是事与愿违，小巴菲特对拜神毫无兴趣，他认为人生的最大价值，就是积累更多的财富。或许，巴菲特对《圣经》有多少章并不在意，却能准确地说出各种商业行为的数字规律。

老巴菲特是一个虔诚的教徒，而小巴菲特则是一个不折不扣的不可知论者，他在自己的日记中写道："人的心智十分渺小，根本不可能窥测到上帝的意图。所以，我们能做到的只有虔诚地祈祷，更应该在祈祷的同时，用我们积累的财富帮助更多需要帮助的人，这就算是替上帝实现神迹了。"

巴菲特家族虽然是从毛纺织行业起家，但是他们却坚定地支持代表大工业生产者利益的共和党政策。

沃伦·巴菲特和妻子苏珊就成为了家族中的异数，因为他们认为民主党在处理民权和保障下层人生活方面做得更好。所以当他们在家族内部的晚餐会上宣布自己的政治主张时，引起了轩然大波。

虽然巴菲特和家族成员的政治立场相左，但是家族内部有良好的民主气氛，他们信奉伏尔泰的名言："我可以不支持你的意见，甚至反对你的意见，但是我拼命维护你说话的权利。"所以，内部的讨论是激烈而友好的，这更让巴菲特坚持了自己的政治主张。

因为巴菲特无比倔强，而且心智过人，精力充沛，他的父亲把他亲切地称为"火球"。而巴菲特则将父亲称呼为"浪花"。两个人并没有如绰号一样势同水火，相反，他们也许是世界上最和睦的父子了。

当父亲因患肺癌去世的时候，巴菲特33岁，他将自己关在房间里三天三夜，哭肿了眼睛。他觉得父亲是自己精神上的灯塔。

后来，他将自己全部的爱，都给了自己的母亲。

巴菲特的母亲是一个贤惠的妇女，她相信对孩子最好的教育就是不教育，于是，巴菲特的邋遢举动并没有被父母遏制，相反有些纵容这个数学金融方面的天才。

巴菲特好像是一个无拘无束的小树，向着阳光肆无忌惮地

生长，并没有受到那些旧式教育思想的束缚。

巴菲特7岁的时候，他对赛马很感兴趣，甚至自费油印了一个小册子"赛马秘籍"。在这本书里，巴菲特利用简单的数学原理，告诉读者如何挑选一匹合格的赛马，如何利用赛道和赛前信息，赢得赛马比赛。可惜，这个小册子只卖出了5份，其中两份卖给了自己的父母，两份卖给了自己的姐姐和哥哥。

出版著作的失利，并没有影响小巴菲特探索未知世界的心情，他在8岁的时候，痴迷上阅读股票书籍，并且经常来到父亲的股票交易中心，阅读并绘制股票升降图表，这一切对于一个不满10岁的孩子来说，简直是不可思议的事情。

但是巴菲特在回忆这段往事的时候，不无遗憾地说："要知道，我十分清楚自己的缺点，不爱洗澡，生活邋遢无比，但是我相信自己在数学方面有天赋，我画的各种金融表格和股票数据图，都是规规矩矩一丝不苟的。所以我并不觉得不爱洗澡是什么大问题，只要我用这个时间去做了更有价值的事情。不过，我最遗憾的是，我应该再早几年接触股票这个行业。"

第四节　数字和信仰

> 习惯的链条在重到断裂之前，总是轻到难以察觉！
>
> ——巴菲特

沃伦·巴菲特是一个性格内向的孩子，他不喜欢和兄弟姐妹做游戏，反倒是喜欢沉浸在自己的世界里，常常几个小时也不说一句话，他做的游戏很简单，甚至有些无聊，他不像其他的孩子那样喜欢呼啸的汽车和火车，而是经常看着火车模型的目录发呆。家里人都觉得小沃伦是个奇怪的小孩，伙伴们都叫他小傻瓜。只有沃伦的姑妈艾伊思不这样看，她对自己的侄子疼爱有加，这个高个子的淑女终生未嫁，将所有对后辈的疼爱都给了孤僻的小沃伦。

她觉得这个小家伙做的一切事都顺理成章，因为她从内心深处理解沃伦的做法，小时候，艾伊思也是这样的性格，她决心用自己的爱来激发小沃伦的兴趣，让他探索未知的科学世界。

沃伦到了上幼儿园的年纪了，6岁的小沃伦还是那样与众不同，不喜欢和小伙伴玩，而是喜欢一个人独坐冥想。

艾伊思姑妈对小沃伦说："亲爱的沃伦，你要上幼儿园了，你有什么要求吗？只要不过分，我都会满足你的。"

小沃伦这时候对世界上的时间特别感兴趣，他希望用精确的秒表来记录时间，所以他的心愿是要一块好看的秒表。于是沃伦对姑妈说："如果您能给我一个小秒表做礼物的话，我想我会更乖的。"

"那你要答应我一个条件，小沃伦，你要是能每顿饭多吃两口蔬菜，我就给你买一只秒表，否则的话，我随时会收回我的承诺。"

沃伦·巴菲特认真地履行了自己的诺言，也得到了一生中最喜欢的礼物，一只粉红色的秒表。

沃伦向自己的兄弟姐妹展示了新礼物，他把大家带到了浴室里，一起来观看自己发明的新游戏。他将塑料弹珠都进行了命名，然后沿着浴缸一字排开，用秒表记录每个弹珠下落的时间，小沃伦一遍又一遍地记录着弹珠下落的时间，并为每一次打破记录而欢呼，沃伦的兄弟姐妹觉得这种游戏实在无聊，纷纷离开了，而沃伦却始终乐此不疲，每次都兴奋地欢呼。

秒表成了沃伦的好朋友，他记录自己的步行时间，记录每一次写作业的时间，这样，沃伦·巴菲特养成了一种遵守时间的好习惯。以后他做事总是一丝不苟，而且，他后来最讨厌不守时的人。人们永远也猜不到，他将来的成功，源自于小时候对秒表的喜爱。

沃伦·巴菲特通过使用秒表，还养成了对数字的敏感，他

随时随地都能思考数字和人生的关系。

在教堂里，牧师的布道使他昏昏欲睡，可是他特别喜欢看赞美诗最后的附录，因为那里记录着赞美诗的作曲者们的生平时间，在教堂里，沃伦总是默默计算这些宗教信徒的寿命，他本来认为，这些虔诚的宗教徒会得到上帝的庇佑，为了奖励他们的信仰和忠诚度，上帝会让他们长命百岁，但实际上，沃伦发现，这些清教徒往往短寿，上帝并没有特别眷顾这些人。于是在沃伦的内心里，对宗教的真实性产生了怀疑。他或许不是一个彻头彻尾的无神论者，但之后，他不再相信上帝的帮助，而只相信自己的努力。

通过对秒表的运用，培养了沃伦对数字的敏感，后来在从事商业活动的时候，沃伦总是很快地计算出商业盈利数据，并学会了通过周围事物的信息，来分析主要信息的价值。这一切，恐怕是赠给沃伦礼物的艾伊思姑妈当初没有想到的。

Warren Buffett

第二章　　成长之路

■ 第一节　一枚高尔夫球的教训

　■ 第二节　心中的"潘多拉盒子"

　　■ 第三节　但行好事，莫问前程

　　　■ 第四节　人生需要拐个弯

Warren Buffett

第一节 一枚高尔夫球的教训

> 要赢得好的声誉需要20年，而要毁掉
> 它，5分钟就够了。
>
> ——巴菲特

小时候，巴菲特的学习成绩并不是很突出，也不是一个听话的乖孩子，在老师的眼中，他有些调皮，在课堂上也总是劣迹斑斑。

一次，老师正在前面讲解化学公式的用法，小巴菲特竟然和同学下起了国际象棋，一边下棋还一边小声嘟囔："该我走了，按照规矩走每一步棋，可不能悔棋啊。"老师十分生气，让小巴菲特把棋盘收起来。可是闲不住的巴菲特又从课桌里拿出了一枚高尔夫球，他想知道高尔夫球里面是什么样子的，于是拿出小刀偷偷切开了它，里面的化学液体马上喷溅到教室的墙壁上和天花板上，同学们一片恐慌，以为发生了什么突然的恐怖事件，老师实在是气昏了，把小巴菲特关了禁闭，让他在化学试验室里独自反省，只留下了课本和作业本。小巴菲特没法调皮捣蛋了，只好自己摆弄各种仪器设备。

就这样，巴菲特的学习成绩一落千丈，从最开始的A到后

来的D，有些科目老师实在没法给成绩，因为巴菲特的回答一塌糊涂，所以老师只好给出了一个未定的成绩——X。

巴菲特进入了青春叛逆期之后，更是将家长和老师的话当作是老土的建议，而和一些狐朋狗友鬼混在一起，他们怂恿巴菲特撒谎，甚至偷东西。

华盛顿南郊开了一家希尔斯超市，这里灯火通明、宽敞明亮，尤其是超市外的停车场，更是学生们玩耍娱乐的圣地。

不过巴菲特和他的坏朋友来到这里，可不是单纯玩耍的，而是来行窃的。这时候的巴菲特，俨然是这群小流氓的头目，即使超市的对面就是警察局，他也满不在乎，因为在他的眼里，这样做根本就不是犯罪，而是一种很酷的行为，他要用这种与众不同的方式，来告诉家人和老师，自己也可以做出一些惊天动地的大事情。

巴菲特的行动目标是体育用品专区，因为他从小就对高尔夫球和篮球运动感兴趣。巴菲特事先给几个小伙伴进行了分工，他们好像是大海中的小鱼一样，在人群中游来游去，趁着店员不注意，就顺手牵羊，拿走柜台上的高尔夫球杆、高尔夫球和球包，然后异常镇定地从超市入口大摇大摆地走出去。

巴菲特后来把自己的行为解释为偷窃成瘾，其实他并不拿着这些物品卖钱，自己也不用，他只是享受这种破坏成人游戏规则的快感，可以看作是青春叛逆期的一种行为表现。

随着"战利品"越来越多，巴菲特只好将这些球和球杆分别放在家里的大衣柜里。再后来，这些衣柜也放不下了，因为

和创造世界名牌的人

一起放飞梦想

Let the dream fly

那里几乎变成了体育用品储存箱。

"这些东西是什么？天啊，都是新的。它们是哪里来的？"老巴菲特简直不敢相信自己的眼睛。他无意间打开儿子的衣柜，发现了这个秘密。

"这是我的一个同学放到我这里的。多是多了点，不过和我都没啥关系。"巴菲特赶紧替自己洗脱罪名，不过因为慌张，他显得语无伦次。

"问题是，你的同学要这么多球干吗？难道出售吗？再说这些球的数量可是每天都在增加啊，我上周就发现了。"巴菲特的母亲脸上显出一丝焦虑，她始终不敢相信自己的儿子竟然如此行为不端。

巴菲特想要让自己显得一如既往地镇定自若，他装作若无其事的样子说："这个很好解释啊，这是个关于亲情的动人故事，亲爱的爸爸、妈妈，我同学的父亲去世了，他生前最喜欢打高尔夫球，于是，为了纪念这个伟大的父亲，我的同学每天都要买不同品牌的高尔夫球，结果越来越多，就只好转放到我们家一些了。"这个蹩脚的理由似乎不太成功，连巴菲特自己也不相信。

老巴菲特彻底被激怒了："这是个彻头彻尾的谎言，你现在要做的是告诉我，这些高尔夫球的来源地到底是哪里！知道吗？一枚高尔夫球也许不值什么钱，但是日积月累，你知道那些可怜的店员吗？他们也许会因此而失业，甚至无家可归、流落街头……"老巴菲特第一次动手打了小巴菲特，当半夜时

分，小巴菲特捂着发红的屁股上厕所的时候，发现父母房间的灯光还亮着，两个人相对无眠、长吁短叹。巴菲特第一次意识到自己犯了大错，这样的做法不是很酷，而是很愚蠢。他决心做一些改变。

第二天，老巴菲特带着儿子，和满满一后备箱高尔夫球和球杆，来到了希尔斯超市。小巴菲特一瘸一拐，而他的父亲满脸凝重。他们来到超市经理办公室，小巴菲特涕泪横流，忏悔鞠躬。

超市经理是个和蔼的胖家伙，他惊讶地看着如此众多的高尔夫球，以及眼前这个痛哭流涕的小家伙，他拿出了一枚高尔夫球，对巴菲特说："不管怎么说，你都是个诚实的小家伙，这是我奖励你的礼物，希望你以后能好好珍藏它。"于是，这枚高尔夫球成为了巴菲特永远珍藏的纪念品，他没事的时候总是要拿出来抚摸几下，来纪念那个荒唐的少年时代。

从此，巴菲特努力听讲，认真学习。老师和同学们都惊讶地发现，巴菲特就像变了一个人一样。

巴菲特变成了上进的好学生，这个故事说明，有时候，对一件错事的正确处理，也会变成一件好事，甚至会影响一个人的一生。

第二节　心中的"潘多拉盒子"

要学会以40美分买1美元的东西。

——巴菲特

中学时，巴菲特的性格叛逆，对父母苦口婆心的教育置若罔闻。在巴菲特的心里，学校刻板的教育模式根本就是误人子弟，而且他对父母一直劝他接受无聊的学校教育感到不理解，在巴菲特的心中，只有一个神圣的目标："赚更多的钱，才能实现自我的人生价值。"

为了实现自己的目标，巴菲特决心先做一个勤奋的报童，一分一分地赚取硬币。老巴菲特想了很多办法都不能让小巴菲特放弃创业回到学校。于是，只好威胁小巴菲特将他的"送报路线图"烧毁，才让小巴菲特答应回到学校上课。

巴菲特每天要送500份报纸，主要的客户是住在公寓高层的住户，他特意优化了投递线路，让这些报纸能用最短的时间送到客户的手里。这时候巴菲特显示出他在统筹学方面的天赋。

《华盛顿邮报》和《奥马哈市时代先驱者报》是当时最受欢迎的两份报纸，因为从小就投递它们，成年以后的巴菲特花了1000万美元收购了《华盛顿邮报》的股份，因为他从小就知道，这份报纸有多受欢迎。

取报和送报，被巴菲特视为最神圣的工作，他有一个存放送报零钱的抽屉，巴菲特把它叫作"潘多拉盒子"，禁止任何人打开它。

巴菲特说："这是我的经商活动的起点，装着我的梦想和希望。人生中，总是需要一个盒子，存放着你童年时的梦想，等你长大了，就把它埋在一个树洞里，永远珍藏它。"

给巴菲特插上赚钱梦想翅膀的，是一本叫做《赚取1000美元的1000种方法》的通俗读物，这个今天看起来有些荒诞的小册子，却让小巴菲特爱不释手，他经常和小伙伴们津津乐道书中的经商秘诀，他甚至能将其中的章节倒背如流，尤其是对里面提到的尼维特机器十分着迷，他总是幻想这个充满能量的机器，能带来源源不断的财富，那时候，他幻想赚钱的极限是5000美元。

巴菲特说："我从小就是个无神论者，这没什么好隐瞒的，我不相信什么上帝保佑之类的话，我幼小的心灵世界里，金钱就是上帝的代名词。"

怀疑一切，否定一切，成了巴菲特思考问题的逻辑起点，这使得巴菲特从小就被誉为"最富于理性、最精明的美国人"。当然，也有批评者认为巴菲特不过是一个冷血的金融投资者，他的所谓精明只是因为运气太好罢了。

巴菲特的不可知论和怀疑论，在经济学领域也能找到知音，著名经济学家所罗门曾说："我实在看不出经济预测和巫术之间的区别，它们的共同特点是崇尚数字崇拜和神秘主义，然后，等待着愚昧民众的顶礼膜拜。"

正因为将全部精力放到了商业经营上，巴菲特在中学期间，是个特立独行又默默无闻的家伙，他有时显得郁郁寡欢、落寞无比，有时候又激情四射、热情好客，这样一个矛盾的综合体好像是大多数青春期男孩的写照。谁也不知道他们心中的"潘多拉盒子"里到底装的是什么。巴菲特要做的，就是保持独立思考的个性，继续卓尔不群的中学生活。

中学毕业后，巴菲特曾经写信给自己的班主任老师——格蕾丝女士，这是一封充满了自嘲口吻的信件，可以看作是桀骜不驯的巴菲特对自己中学生涯的回顾和总结："时至今日，我终于可以坦率地直面我的中学生涯了，不过我要说，十分抱歉，无论从哪个角度讲，我都不是一个听话的好学生，相反，我总是调皮捣蛋、违反校规，让您和学校为我操碎了心。您可以将我看作是一个叛逆期的家伙，希望你将我这个坏孩子从您的记忆中抹去，如果可能的话。另外，我乐意为您做任何事，因为您住的地方和我家距离很近，您也可以见证我今后人生的成长经历……"

巴菲特在中学时，曾经暗恋过一个美丽的女孩，名字叫卡洛琳·福柯。但是初恋的时候，往往不懂得爱情，他的梦中情人被自己的同学抢走了，巴菲特经历了一次沉重的打击，他觉得天都要塌下来了，但是少年的自尊让他装作若无其事的样

子，只是酸溜溜地说："幸运的是，一个世界上最优秀的人娶了我最爱的、世界上最美丽的女人。不幸的是，那个男人不是我。"后来，巴菲特也把这段情感经历放在了"潘多拉盒子"里。

在中学期间，巴菲特并没有将心思放在课程的学习上，而是利用上课时间绘制股市走势图。他的老师也没法说服他，只好任由他绘制这些别人根本看不懂的图表，因为一旦老师阻止他，巴菲特马上就仰起脸，指了指自己的口袋，老师马上明白了，这个"不务正业"的家伙，每个月靠投递报纸的收入，竟然比老师的薪水还多。

中学毕业的时候，巴菲特已经积攒了1万美元，但是他并没有和别的美国男孩一样，用自己打工的费用来供自己上大学，而是利用父母的钱，资助自己上大学。因为巴菲特有自己独特的见解：父母的钱，可以帮助我获得更多的知识，而我的钱，可以用来创造更多的财富。

巴菲特要去大学开始全新的生活了，他并没有忘记自己的"潘多拉盒子"，天知道他在大学里会往里面存放什么人生的秘密。直到现在，这个神秘的盒子还保存在巴菲特的保险柜里，他喜欢独自分享盒子里的秘密，那是一段人生成长的经历和总结。

巴菲特说："人生不能低着头自顾自地往前走，有时候，需要停下来，看看自己走过的路。"

第三节　但行好事，莫问前程

　　你真能向一条鱼解释在陆地上行走的感觉吗？所以，空谈无益。

　　　　　　　　　　　　　　——巴菲特

　　小时候，巴菲特是一个内向的小孩子，他虽然身材高大，但是做事总是谨小慎微，胆小而又内向。比如，他走路的时候总喜欢靠着墙根走，低着头，腼腆得像个小女孩，每当有调皮的小男孩向巴菲特挑衅的时候，总是他的姐姐挺身而出保护他。这让自尊心很强的巴菲特心里十分难受，他暗自下决心，一辈子再也不受人嘲笑，要成为受人尊重的人。

　　经过思考，巴菲特发现自己从体力上永远也无法取得胜利，只能从头脑的角度让人信服。于是，当别的孩子还在嬉闹的时候，他从来也不跟着胡闹，而是在一个角落里安静地读书。

　　渐渐的，巴菲特发现自己也有受人尊重的时候，因为小伙伴发现，巴菲特的赚钱经验很丰富，所以当巴菲特将小伙伴们聚集到一起，高谈阔论生意经的时候，大家都安静得像小白兔一样。于是，巴菲特把他们发动起来，到高尔夫球场捡被扔掉的高尔夫球，然后巴菲特负责将它们低价处理掉，因为劳动成本几乎是零，所以巴菲特赚了很多零花钱。

巴菲特越来越受到小伙伴的欢迎，渐渐成为了整个街区的"孩子王"。巴菲特深刻地体会到知识的力量。因为头脑风暴的力量，他仅仅是安排一些工作计划，就赢得了财富和尊重。所以，巴菲特从小就树立了一个理想——要以赚钱为目标，但是，不以赚钱为目的。

很多年以后，巴菲特为了实现理想一直努力工作，他名下的伯克希尔·哈撒韦公司成为世界上盈利最多的公司。公司的诸位股东靠着巴菲特的智慧成为了世界富翁，每天穷奢极欲，开着私家游艇和各式豪车，周游世界，享尽荣华富贵。但是这一切和巴菲特无关，他为别人创造了巨额财富，但是自己却隐居在奥马哈市，清心寡欲、安贫乐道，始终以工作为乐，对物质生活的好坏毫不介意。

在巴菲特人生的各个阶段，身份地位和思想阅历都发生了深刻的变化，但是他有个信念一直未曾改变：但行好事，莫问前程。他的财富观也很独特——工作是赚钱，但是不要为了钱去工作。

巴菲特在加州大学洛杉矶分校演讲的时候，向青年学子发表了一篇《财富与人生》的演讲："钱本身并没有什么好与坏之分，有钱不一定多好，但是没钱一定糟糕。很多清高的人耻于谈钱，但是我们应该了解到金钱不过是财富的一小部分，更是人生的一小部分，重要的是，不能把金钱当作人生的全部。

而且，能消费并不代表你的智商有多高，能创造财富才是至高的人生智慧。我们在生命的最后一刻，要将手中的财富散尽，我们赤裸裸地来到这个世界，临要去见上帝的时候也要坦坦荡荡，无牵无挂。很多富翁不明白其中的道理，还幻想财富能世代传承，其实这是谋杀孩子的天性。"

巴菲特是这么说的，也是这么做的。个人资产达到几百亿美元的巴菲特，工资却连IT行业的初级软件师都不如，他在公司的年薪只相当于一个见习工程师，只有区区的10万美元。当世人都惊诧于巴菲特是一个廉价"打工皇帝"的时候，巴菲特只是淡淡一笑——我不是为钱而工作。

俗话说得好，三岁看到老。巴菲特10岁的时候，老师布置了一篇关于理想的课堂作文，别的同学的理想都显得很高尚，有的人想当科学家，有的人想成为影视明星，只有巴菲特的理想与众不同，他在作文中写道："我的理想是赚很多很多的钱，但是我并不爱钱，我更喜欢财富一点点累积增加的感觉。"这时候的巴菲特还没有后来的慈善情怀，但是他已经有了独特的财富观，他要通过挣钱来实现自我的价值。

所以，当巴菲特接到了恩师格雷厄姆的聘请书，到格雷厄姆和纽曼公司任职的时候。巴菲特根本就没问工资是多少。格雷厄姆问巴菲特什么时候能来，巴菲特的回答很简单——下一班飞机。

我们的生活中，经常可以看到这样的人，他们将工作和生活截然分开，将事业和梦想截然分开，这样就等于让自己和世界对立起来，巴菲特的人生态度值得我们学习，很多人不理解巴菲特已经这么有钱了，为什么还要经常加班。他熬夜看股市走势图，分析公司业绩，是名副其实的拼命三郎。在巴菲特的眼中，并不觉得如此勤勉是一种负累，当工作不如意的时候，他会洒脱地远离尘嚣，当生活不顺心的时候，他会以疯狂的工作转移内心的苦闷。

如果你将自己的事业，看作是走完人生旅程的一段美丽风景，你就不会发出各种抱怨了，无论加班也好，遭到不公正的待遇也罢，这都是人生路上必然经历的一部分，这就是我们的人生，我们能做的也如巴菲特所说：但行好事，莫问前程。

第四节　人生需要拐个弯

> 池塘里的一只鸭子，由于暴雨的缘故水面上升，但此时你却以为上浮的是你自己，而不是池塘。
>
> ——巴菲特

这年秋天，沃伦·巴菲特来到宾夕法尼亚大学的沃顿商学院，成为一名大学新生。

巴菲特的本意并不是到大学里读书，当和他一起长大的同

伴还在四处闲逛的时候，巴菲特已经像一只辛勤的小蜜蜂一样四处赚钱。他认为自己已经发现了人生的真谛——人生，无非就是赚钱，然后花掉它。

巴菲特的父亲觉得儿子正处在人生的十字路口，他决定给儿子一些建议。"说说你的想法吧，小伙子，听说你不喜欢到大学里去。"

巴菲特正处在青春叛逆期，觉得父亲说什么都是很老土的想法，都是和自己作对。于是他满不在乎地说："去大学？爸爸，我去那里有什么用呢？去大学无非就是学习如何挣钱的方法。关键的问题是，我现在已经有些钱了，而且还在继续我的财富之路，所以，我不想拐个弯。"

老巴菲特看着踌躇满志的儿子，并没有直接否定儿子的想法，他一直以一种尊重平等的姿态和儿子相处。他拍了拍儿子的肩膀："你说人生就是赚钱，这样的说法既对，又不对。就像你说的那样，人生之路也需要转个弯。知道吗？本杰明·富兰克林创建了宾夕法尼亚大学，大学可不是培训商人的，而是培育智慧的。"

虽然对父亲的说法并不完全认同，但是出于尊重长辈的心理，巴菲特勉强同意到沃顿商学院读书。

考虑到儿子是一个没有完全成熟的小伙子，巴菲特的父母特意在商学院给他找了个室友，他是自己的好朋友的儿子，名字叫切克·彼得森，彼得森一家认为老实的巴菲特可以让纨绔子弟小切克收收心，而巴菲特一家则希望切克能让沃伦成熟一

些。于是，这个比巴菲特大5岁，刚退伍的男子汉，成为巴菲特成年之后的第一个老师。

巴菲特一家把沃伦和他的棕熊皮大衣扔到了校园里，就离开了，只剩下充满了好奇的沃伦。

沃伦发现校园里充满了文化气息，在校园的墙壁上镌刻着本杰明·富兰克林的名言，这些名言被雕刻成花体英文，在白色的墙壁上显得优雅而睿智。比如："和朋友一切都好说，除了开口借钱。""时间就是金钱，效率就是生命。""省下一分钱，就是赚了一分钱。"这些充满智慧的小语哲思，让沃伦流连忘返，他似乎理解了父亲坚持让他读书的用意。

校园里，到处都是参加过二战的退伍老兵，他们重返校园，给这里带来了一股男子汉的阳刚之气，也带来了良好的纪律和风尚，而这一切，都是散漫的沃伦身上最缺乏的。沃伦的室友——老兵切克就是这样的一个人，切克永远保持着一名士兵的军姿和整洁，他无法理解沃伦的懒惰和邋遢。

在校园里，切克和他的战友是一道独特的风景，他们行走在校园里，好像在进行一场队列式表演，他们穿着整洁的西服和永远锃亮的皮鞋，性格刚毅，步履坚定。而沃伦，永远是一套破旧的牛仔裤和松松垮垮的休闲服，再配上一双看不出颜色的网球鞋，这都是嬉皮士的典型打扮。切克总是要求沃伦将服饰弄得优雅整洁，可这是沃伦无法忍受的。

两个人为此展开了一次辩论。"知道你在干吗？你是在浪费生命，亲爱的沃伦。"切克永远保持着军人作风，语言尖刻而犀利。沃伦没觉得自己和别的大学生有什么不同，再说，他每天都在思考如何赚钱，如何获取更大的利润，他满不在乎地说："兄弟，你是让我和你们一样吗？每天油头粉面，参加舞会，和那些姑娘搂搂抱抱，这并不是我想要的生活，这简直是慢性自杀。"

"你需要做的改变实在是太多了，最重要的是要有男子汉的劲儿，男人并不是只有邋遢才够男人味儿，真正的绅士是能参加粗野的橄榄球运动，能嘶吼几声摇滚乐，也能衣冠楚楚出席各种酒会。"切克显然对沃伦的日常表现不满意，直言不讳地说："你说的也没错，挣钱确实是一个男人应该做的事情，但是我想说，要干干净净地挣钱，这句话有两个意思，你自己慢慢体会吧……"

沃伦直到很多年以后才明白，切克说的两重涵义到底是什么意思，他一方面劝诫沃伦要诚实守信地做生意，另一方面要做一个整洁优雅的绅士。不管怎么说，沃伦的大一生活过得一团糟，和周围的一切都格格不入。慢慢地，沃伦越来越封闭自我，自己在屋子里想着发财的美梦。

不过，这种隐士般的生活没过多久，沃伦就产生了一次质的飞跃，这种飞跃将使他养成一种良好的习惯，而这种习惯将使他受益终生。一切又都是从争吵开始的。

一天，回到寝室的切克发现，浴室里一团糟，各种物品摆放散乱，好像垃圾场一样，他找到了沃伦："你好像应该做些什么，这里好像是地狱一样糟糕，剃须刀都快生锈了，毛巾比

抹布还脏，肥皂泡里面能养鱼，拜托你沃伦，用过浴室之后打扫一下好吗？"沃伦满口应承。

第二天早上，切克来到浴室的时候，不由得勃然大怒，因为他发现一切比昨晚更糟糕。沃伦将毛巾随意地丢在浴室的地砖上，而浸泡在洗脸池里的剃须刀还在充着电，切克觉得这一切都无法用语言来教育了，要知道，一旦剃须刀漏电，后果将不堪设想。于是他决定用行动教训一下这个邋遢的兄弟。

他将沃伦的剃须刀扔进了水池里，让它彻底停止了转动，将沃伦的毛巾变成了抹布，沃伦回来的时候发现自己的一切痕迹都不存在了，他和切克大吵了一架。不过后来他意识到，自己犯了一个严重的错误，切克的做法是对的，自己总是找借口拖延收拾个人卫生的时间，正像切克说的："一个自己的卫生都不能保持整洁的人，怎么能让人相信自己是一个成功的商人呢？又有谁能甘心买一个邋遢鬼的产品呢？"

沃伦从此决定改变，他要和切克一样，每天收拾卫生，将皮鞋擦得锃亮，衣冠楚楚，举止优雅。所有的人都说小巴菲特应该感谢沃顿商学院，因为是这里让一只邋遢的小猴子变成了一名真正的绅士。

巴菲特也觉得自己听从爸爸的意见是正确的，虽然上大学耽误了一些挣钱的时光，也不一定能学到什么实用的赚钱秘籍，好像是人生的一段弯路，但是，巴菲特在大学里学到了很多书本上没有的东西，他深深感受到，人生的路上，有时候需要一个拐弯。

Warren Buffett

第三章　打击下的改变

■ 第一节　天才也会被拒绝

■ 第二节　更难的是面对自己

■ 第三节　第二眼爱情

Warren Buffett

第一节　天才也会被拒绝

如果发生了坏事情，请忽略这件事。

——巴菲特

1950年夏天，巴菲特从内布拉斯加大学毕业，向哈佛商学院提出了入学申请。巴菲特坐了一天一夜的火车前往芝加哥，在商学院招生办公室，一个金融学教授接待了他，并随手在入学意见书上写道：衣着有些邋遢，表情羞涩，有一定的商业知识基础，但是表达过于迟疑晦涩。年龄19岁，但是身形瘦削，看起来只有12岁的体重。不宜录用。

于是，当巴菲特走出招生接待室房间的时候，自己进入哈佛大学的门也被随手关闭了。这虽然不一定是巴菲特遭受的第一次打击，但却是他一生中最为惨痛的打击之一。因为巴菲特一向对自己的商业智慧颇为自信，一门心思想在这个金融学最高殿堂里丰满自己的羽翼，没想到，雄鹰还没有展翅高飞，就被一场语言风暴弄折了习翼。

骄傲的巴菲特经历了人生最惨痛的打击，他的入学申请被哈佛商学院拒绝了。他在给好友杰尔的信中，真实地记录了他糟糕透顶的心情："我们的会面只持续了不到10分钟，可是这

10分钟竟然完全否定了我的一切，将我打入绝望的深渊。那些贵族老爷竟然如此自命不凡，以为自己是能裁决他人命运的上帝，给出的理由也十分可笑，说我太年轻了，不能被录用，或许，我可以等一两年再来。这些蹩脚的理由实在是挫伤我的积极性，我已经崩溃了……"

半个月以后，杰尔又收到了巴菲特的来信，这次巴菲特似乎怒气未消，但是语气已经和缓了许多："有一个坏消息和一个好消息。坏消息是我始终没有收到哈佛大学的通知书，虽然早就知道了结果，但是确证这个消息还是让我失望至极，我还是坚持我的初衷。好消息是我终于等到了哥伦比亚大学的录取通知书，知道吗？那里有美国最棒的经济专业，还有美国最牛的经济学教授格雷厄姆！"俗话说得好，塞翁失马焉知非福，巴菲特在哥伦比亚大学的商学院，学到了价值投资理念的真谛。

巴菲特转投哥伦比亚商学院，在那里，他遇到了一生中的精神导师格雷厄姆。格雷厄姆教授将讲义编辑出版了一本书，这就是经济学的经典著作《证券分析》，他第一次提出了著名的价值分析法。后来，他又撰写了价值投资理论的通俗讲解版本《聪明的投资者》。

这位享誉世界的金融理论大师，在课堂上旁征博引，妙趣横生，巴菲特好像一条小鱼，真正见识了大海的波澜壮阔。而且格雷厄姆教授喜欢开放式的课堂氛围，允许学生随时发问，并且不用自己的思维框架束缚学生的思想，在火花四射的师生

问答中启迪学生的智慧。

巴菲特总是在课堂上向老师提问一些刁钻古怪的问题，一般的老师会认为这样的学生是调皮捣蛋，甚至有些无理取闹。但是格雷厄姆教授却对这个有些离经叛道的学生青睐有加，不仅常常做课后辅导，而且期末考核给了巴菲特一个A$^+$的成绩，这是格雷厄姆教授几十年的教学生涯中给学生的最高评价。

巴菲特在学校里，也是一个活跃分子，他当时的政治倾向是赞同共和党人的政治主张，并通过竞选，成为了大学共和党人俱乐部的主席。在选举总统期间，巴菲特总能策划一些惊世骇俗的行动，有一次，他竟然要租一头大象，来宣传共和党人的竞选集会，以迎战民主党与共和党的"驴象之争"。

但是后来，巴菲特不想在政治斗争中出风头，于是，在最后一刻取消了这个疯狂的计划。巴菲特的政治冒险也以失败而告终。

在大学期间，巴菲特还迷恋上桥牌运动，参加了"阿尔法和西格玛桥牌兄弟会"。在这个英才辈出的俱乐部里，他结识了众多后来的生意伙伴，当年纯真的爱好，为他后来的商业发展埋下了伏笔，打下了坚实的基础。毕竟，学生时代结下的纯洁友谊是牢不可破的。

巴菲特后来回忆说："我的大学实际上黯淡无光，因为除了格雷厄姆教授的精彩讲授，我在大学的课堂上没有学到任何有用的东西，那些知识几乎是陈腐不堪的陈词滥调，我的今天的成就来自于社会大学的磨砺。"的确是这样，巴菲特通过投

递报刊和出售高尔夫球等商业活动，获得了弥足珍贵的商业实践经验，而且，他利用业余时间，到各大图书馆自学了会计学和保险业的知识。

更富于传奇色彩的是，巴菲特竟然利用一年的时间，完成了十多门经济领域课程的学习，而且都是A以上的成绩。

毕业的时候，巴菲特信心满满地想在华尔街做一番大事业，但是格雷厄姆教授却拒绝了巴菲特的入职申请，或许这位严师想让心浮气躁的巴菲特在底层多磨砺几年吧，巴菲特遭遇了成年以来的第二次沉痛打击。在投资行业已经小有收获的巴菲特并不是心疼失去了一次就业的机会，而是不希望被自己最崇拜的人误会，他渴望得到格雷厄姆教授的欣赏。中国有句古话：千里马常有，而伯乐不常有。在巴菲特心中，格雷厄姆教授就是自己投资生涯中独具慧眼的伯乐。

巴菲特并没有灰心，毕业之后，每年他都会像格雷厄姆教授的公司投递工作申请和个人简历。

24岁的时候，巴菲特终于如愿以偿，进了恩师的公司，做一名年薪1万美元的普通员工。

有一件事，让格雷厄姆教授对巴菲特另眼相看。1954年，一个经营可可豆的公司想要高价抛售自己的库存，但是又担心州政府会征收近50%的高额所得税，于是找到了格雷厄姆教授的公司，想寻求一个避税的方法。

当公司员工都手足无措的时候，巴菲特提出了一个巧妙的方法：可以利用"美国公司法"中的条款漏洞，让公司股东用手中的股票，换购可可豆，这样就由经营所得税，变成了股票交易所得，既高价出售了可可豆，又避免了高额的税收。

格雷厄姆教授后来对朋友们说："巴菲特是个投资奇才，他有着敏锐的商业头脑和灵活的运作策略，可以说是我的学说最好的继承人。"巴菲特也没有辜负恩师的重托，一生都在弘扬和实践老师的价值投资理念，成为格雷厄姆学说的最伟大传承者。

1956年，格雷厄姆教授厌倦了金融市场的残酷厮杀，61岁的他决定隐居故土，埋头于创作，将自己的真知灼见汇聚为一本书。

后来，格雷厄姆教授来到加州大学任教，而巴菲特也揣着读书期间挣来的14万美元，结束了求学之路，要离开老师的护佑，真正到商海中迎风破浪，一显身手。

第二节　更难的是面对自己

风险来自你不知道自己正做些什么。

——巴菲特

19岁那年，巴菲特决心要到著名的哈佛商学院学习，出乎意料的是，严苛的面试官直接拒绝了小巴菲特的请求，巴菲特的第一反应是想从面试大厦的楼上跳下去，因为在他的心里，如何和父亲交代自己这次丢人的面试，是个大难题。

巴菲特只好来到哥伦比亚大学求学，在这里，他遇到了影响自己一生的导师——证券之父本杰明·格雷厄姆。在格雷厄姆教授20多年的教学生涯中，第一次给学生打了A$^+$的成绩，巴菲特认为这是自己整个大学生涯中最闪光的时刻，他已经下定决心，毕业之后继续追寻自己的偶像本杰明·格雷厄姆。

毕业前夕，巴菲特敲开了导师的办公室。

"尊敬的本杰明·格雷厄姆先生，我是您的学生巴菲特，冒昧地向您提出一个要求，能不能让我进入您的公司工作？"巴菲特鼓足勇气，说出了自己的想法，他是真心实意地想向导师学习投资技巧。

本杰明·格雷厄姆坐在办公桌后，打量着这个得意弟子，他从心底里喜爱这个天才金融投资者。但是出乎巴菲特意料的是，格雷厄姆拒绝了他的请求："对不起，年轻人，我不能收留你，尽管你是我最优秀的学生。"

"为什么？我的老师，我是真的想向您继续学习。"巴菲特失望极了，他倒不是为自己没能获得一份工作而感到失望，他内心深处觉得自己和导师之间的感情疏远了，本来，他以为自己和老师之间是无话不谈的好朋友。巴菲特感到无比沮丧，他不甘心地说："老师，我想您误会了，我不是非得找一份稳定的工作，为了能和您在一起，我宁愿不要任何薪水。"

本杰明·格雷厄姆非常喜欢眼前这个坦率的小伙子，他招了招手，示意巴菲特走到近前，"其实不用你，并不是说你不够优秀，相反，你是我最喜欢的学生，不过现在你要委屈一点，因为该死的华尔街出现了反犹太人倾向，他们拒绝雇用犹太人，没关系，年轻人，将来会有机会的。"

巴菲特终于理解了老师的良苦用心。他辞别了恩师，来到父亲开办的巴菲特-福尔克证券经纪公司工作。

但是，巴菲特的第一份工作并不顺利，他有个致命的缺点，巴菲特的性格内向，偏偏做的是需要有演讲技巧的股票推荐员。他只好鼓足勇气向身边最熟悉的人推荐产品，包括他的姑妈和几位大学朋友，但是最初推荐的几只股票，并没有让亲友赚到钱，相反，都略有损失。

巴菲特的自信心受到了严重的挫伤，于是，那些资金充裕的大客户并不信任这个金融界的新手，他们即使在巴菲特那里拿到股票推荐名单，也要向资深的股票推荐员求证，这让巴菲特觉得无比沮丧。本来，他喜欢的是有创造力的工作，但是现在自己成了金融医生，只是靠着开药方的工作赚点小钱，他发现，自己的短板就是演讲，对听众来说缺乏吸引力。

实际上，巴菲特进入了职场的不适应期。他并没有就此沉沦，而是积极地面对自己性格的缺陷，他自费去旁听了戴尔·卡耐基的公众演讲课。上完卡耐基的演讲课以后，巴菲特来到奥马哈大学，免费讲授"金融投资学"课程。并且利用自己的资产进行投资，不到5年的工夫，他将自己的财富从不到1万美元，增加到了14万美元。通过理论联系实际，巴菲特好像

变了一个人一样，从在人前羞于启齿，到变得从容不迫，侃侃而谈。巴菲特已经完成了一次蜕变，从青涩少年变为成熟稳重的成功商人。

巴菲特蜕变的秘诀主要有三点：直面困难，补充短板，锲而不舍。

巴菲特的锲而不舍精神还表现在对本杰明·格雷厄姆的追随上，他并没有因为导师对自己的拒绝就心灰意懒，而是经常保持和导师的通信，并利用假期到纽约向导师请教经商之道。巴菲特的执着感动了格雷厄姆，他发现如此执着的学生实属罕见，于是破格录用了巴菲特。

巴菲特极为兴奋，提前一个月就向导师报到了。这次报到是巴菲特职业生涯的真正开始。他如饥似渴地学习老师的投资理念。两年后，终于学成。1956年春天，26岁的巴菲特终于一飞冲天，成立了属于自己的公司——巴菲特联合有限公司。

本杰明·格雷厄姆对自己的得意门生寄予厚望，当有人问他谁将是自己的继承人的时候，格雷厄姆毫不犹豫地回答："沃伦·巴菲特他是最能实现我的投资理念的人，是唯一的一个，没有之一。"

巴菲特的第一份工作成为他事业的新起点，从此一个数字的天才、商界的雄鹰，终于展翅腾飞了。

第三节 第二眼爱情

> 人生中最重要的决定是跟什么人结婚！
>
> ——巴菲特

沃伦·巴菲特在学业上顺风顺水，但是在感情方面却是个不折不扣的失意者。沃伦有着轻微的口吃，他在和女孩子交往的时候，总是最害羞的那个男孩。

每次他和女孩约会的时候，沃伦总是提醒自己，要做一个风趣幽默的绅士，可是事实总是事与愿违，每当他将自己擅长的领域，比如股票和时事政治说完之后，巴菲特就像换了一个人一样，从侃侃而谈变得唯唯诺诺、不知所云。

沃伦常常陷入单相思的怪圈，每当他鼓足勇气想要和心仪的女孩约会的时候，他总是暗示自己，自己是个不成熟的男性，不会有女孩子喜欢的。所以，他最早暗恋的对象被好朋友横刀夺爱，沃伦陷入了深深的苦恼之中。

所以到了后来，沃伦变得更加保守，常常独自一人苦苦思考：自己为什么享受不到那些美妙的爱情呢？他甚至埋怨那些女孩不来和自己约会。

中学的时候，沃伦终于有了一个心仪的女孩，名字叫苏

珊，这是个温柔贤惠的淑女，总是安静地听着沃伦讲话。虽然苏珊一开始的时候对沃伦并不十分在意，因为她觉得沃伦的身上好像缺少点男子汉的坚忍和成熟，沃伦好像是个永远也长不大的青涩男孩。或许是因为家庭的问题，苏珊觉得在沃伦的身上有些富二代的傲慢和盲目的自信。所以，苏珊一开始并没有答应沃伦的约会请求。

沃伦遭到了情感上第一次最惨痛的打击，因为自己最爱的女孩竟然残忍地拒绝了自己，他觉得天都塌下来了，精神也处于崩溃的边缘。沃伦甚至觉得自己有社交障碍症，是情商低能儿。"我是一艘迷途的航船，根本找不到航行的方向，也更谈不上什么航速了。当时我想，自己或许这一辈子就只能形单影只、孤独终老了。"巴菲特回忆自己青涩的青年时代，依旧满是遗憾。

经过一段时间的接触，苏珊发现这个羞涩的小伙子在稍显傲慢的外表下，其实隐藏着一种骨子里的自卑。这种脆弱和孤独，需要别人情感的慰藉。苏珊的出现像是一道阳光，直接照耀到沃伦年轻的内心。

巴菲特觉得自己的生命之火被苏珊重新点燃了，尤其是在自己谈论股票和时事政治的时候，苏珊都像是一个无知的小孩子，用一种崇拜的目光看着巴菲特。巴菲特也喜欢和苏珊呆在一起，弹奏起忧伤的夏威夷四弦琴。在忧伤的曲调下，两个年轻人的心贴得越来越近了。爱情的种子也悄悄萌芽了。

沃伦是个粗枝大叶的人，他对任何人的服饰和衣着都视而不见，因为他觉得一个人的内心是最宝贵的，外在的东西都不是很重要。但奇怪的是，巴菲特的记忆里永远也忘不掉自己第一次约会时，苏珊穿的衣服，那件衣服被巴菲特戏称为"报纸风格"，是一件黑白色的裙子。不知道为什么，巴菲特认为这是世界上最美的裙子。那次约会是在一个街心花园里，四周飞舞着蝴蝶和蜜蜂，萤火虫也在两个人的周围萦绕。

伴随着约翰·施特劳斯的圆舞曲，两个人迈着很不熟练的舞步翩翩起舞。这时候，沃伦说了一个善意的谎言，他对苏珊说："我是舞林高手，可以教你跳舞。"其实，这不过是一个年轻人常用的小把戏。苏珊明知道巴菲特的用心，善良的苏珊也不点破巴菲特的笨拙舞步，两个人翩翩起舞，沉浸在爱河中。

苏珊在当天的日记中写道："巴菲特是个羞涩的小伙子，他使用了一个小伎俩，不过我喜欢他的幽默感，我也暗自庆幸，自己并没有因为第一眼的偏见而差点错过了一段最美妙的爱情。"

巴菲特在回去之后，也激动地对同学说："我恋爱了，知道吗？是那个调皮的苏珊，她在和我跳舞的时候，甚至悄悄地把一只蚯蚓放在了我的白衬衫后面。"

1951年秋天，沃伦带着一种自豪和兴奋，给自己的家人写了一封信："我在和一个女孩恋爱，她的身上没有任何缺点，只是有一个小缺陷，她对股票和政治毫无兴趣，但是我一点也不介意，因为，她虽然不喜欢金融政治，但是她喜欢听我高谈

阔论这些事情，所以我敢肯定，她喜欢的是我……"

苏珊压根没想到，爱情来得如此突然，她甚至没有做好恋爱的准备，但是巴菲特显现出了金融家的效率和素质，巴菲特当时参加了卡耐基的演讲训练课程，这个课程为了活跃课堂气氛，对学习优良的同学颁发一些小纪念品。巴菲特得到的奖品是一支铅笔。

巴菲特很愿意和苏珊一起分享任何进步的喜悦。那天夜里，他们又来到街心花园。巴菲特忽然灵机一动，用铅笔在公园的地面上画了一个大大的心，然后直接单膝跪地，向苏珊求婚。

这个浪漫的夜晚，是感恩节。

苏珊觉得自己是世界上最幸福的人，她万分感谢自己的判断，没有抛弃第一眼看着不起眼的年轻人，现在她收获了爱情的果实，这一切，都要感谢自己对别人的进一步了解，感谢自己的第二眼爱情。

Warren Buffett

第四章　最有魅力的
　　　　人格剪影

■ 第一节　49美分的账簿

　■ 第二节　巴菲特最崇拜的人

　　■ 第三节　你出钱，我出智慧

Warren Buffett

第一节　49美分的账簿

> 我是个现实主义者，从不抱任何幻想，
> 尤其是对自己。
>
> ——巴菲特

很多巴菲特的早期合伙人，都会回忆起当年找巴菲特谈投资时的情景，因为巴菲特的办公室让他们终身难忘，你必须穿过一幢古老的房子的后门，然后小心翼翼地躲过挂满晾晒衣物的绳子，迈过厨房的瓶瓶罐罐，然后是幽暗的走廊，最后你才会看到坐在一张破旧的办公桌后面的巴菲特。

巴菲特一直将自己的公司设在奥马哈市，奥马哈市是一个风光秀丽的小镇，虽然方圆不过几平方公里，但是这里聚集着诸多世界知名的大公司。像联合太平洋公司、世界保险公司、康纳瑞公司等。这个小镇有着良好的经济经营传统，并保留着古朴醇厚的民风，保持着百年流传下来的正直、守信的风尚。

巴菲特26岁的时候，成立了巴菲特联合有限公司。

1956年的5月，巴菲特在公司开张的时候，花了49美分买了一个账簿，这是个褐色的牛皮封面的账簿，巴菲特在上面亲笔写了一句话：无论盈亏，无愧于心。这是巴菲特的经商原则，盈亏或许有外在的因素，但是在内心里，一定要做到问心无愧。

巴菲特成立这家公司，是受到了他的老师格雷厄姆教授的启发，因为一个人的力量是有限的，但是将诸多的闲散资金整合起来，让一个拥有丰富投资经验的人来管理这些投资，会最大限度地发挥资金的效用。巴菲特自豪地说："我的合伙人模式，来自于我老师的课堂讲授，这并不是我的首创，不过，值得骄傲的是，我的合伙人充分信任我，说句夸张的话，即使有人拿着一把枪抵住他们的头，他们也不会抛售我们的股票。"

巴菲特的牛皮账簿记载了他创业初期的故事。现在，很多合伙人仍然健在，他们大多已经成为百万富翁，走到了人生的暮年，但是创业的艰辛依然历历在目，每个人都难忘那个戴着玳瑁眼镜的巴菲特，为了大家的财富而四处奔波的经历。

在账簿的第一页，记载了巴菲特的第一笔投资，这是一笔成本可以忽略不计的投资，因为巴菲特只是付出了一些路费，而赚到了大约10万美元。

巴菲特经过分析，发现美国国家火灾保险公司的股价被严重低估了，而且，最近有消息说奥马哈保险公司想以每股50美元的价格收购它的股票。巴菲特和他的合伙人马上行动，沿着公路走了三天三夜，他们按照火灾保险公司的公示信息，从普通股东手中高价收购股票，每股出价100美元。等到美国国家火灾保险公司知道巴菲特究竟在做什么的时候，巴菲特已经拥有了该公司10%的普通股票。为了不影响和奥马哈市保险公司的并购谈判，美国火灾保险公司只好坐下来，和这个毛头小伙子谈判，经过一番讨价还价式的商谈，巴菲特同意出售手中的股票，代价是付给他10万美元。

巴菲特在账簿中总结道：很多人抱怨自己没有足够的资金，其实，通过这个事例我们可以发现，问题的核心不在于你有没有钱，而在于你有没有足够的发现商机的智慧和不辞辛劳的努力。

巴菲特的账簿中，有一页记录了霍兰夫妇和巴菲特的对话，霍兰夫妇是巴菲特的朋友，他们向巴菲特求教如何选取有价值的股票，巴菲特的回答很简单："投资的概念很简单，就是如果你发现某一股票的价格只有它真正价值的一半，你就可以购买，因为这个股票的价值肯定会上升。"

霍兰夫妇对巴菲特的理论深信不疑，他们最初投资了1万美元，现在资产价值已经升值到2000多万美元。30年的时间，增值了近2000倍，霍兰夫妇一直认为，与巴菲特的合作，是一笔稳赚不赔的买卖，倒不全是因为巴菲特对股市神奇的判断，更因为巴菲特的身上有一种强烈的责任感，还有一种不达目的誓不罢休的精神。

查尔斯·彼得森是巴菲特合伙公司的另一个合伙人，他将自己和巴菲特签署的合伙办议装裱起来，钉在了自己办公室的墙上，这是他一生中最引以为傲的投资。"我只投入了5000美元，这是巴菲特合伙人公司的入门资金，现在为我赚取了很多的收益，但是这些都不是我看重的，我的小小的投资，最大的收益是收获了和巴菲特的友谊。"

彼得森是巴菲特在宾夕法尼亚大学读书时的同学，他特别佩服巴菲特，尤其是他过目不忘的惊人的记忆力。在彼得森的眼里，巴菲特读书往往只读一遍，然后就扔下书本，出去赚钱去了，也没见他怎么看书，但是期末考试的时候，他的每门功课都是优秀。

彼得森有些不服气，觉得自己很努力，但是功课的成绩却总是不如巴菲特，于是他有心难为一下巴菲特，彼得森对巴菲特说："你的成绩很好，但是，也应该有知识的盲区，我考考你好不好？你说一下这学期我们教授讲解美国合同法的观点是什么？"

巴菲特看了一眼彼得森，一脸轻松地说："这个很容易，就在教科书的第220页，第3自然段，教授的观点在上面表述得很明确。"彼得森很不服气地翻开教科书，发现巴菲特说的一点儿也不差。

从此，彼得森对巴菲特佩服得五体投地，他决定将自己的财产全部交给巴菲特管理，而且对身边的朋友极力推荐巴菲特旗下伯克希尔·哈撒韦公司的股票。

巴菲特在当年的账簿中，记载了彼得森的5000美元投资，并记录了自己的心得："应该感谢朋友的信任，我能做的就是为了他们的这份信任而加倍努力。以后我要拿出大学里读书的勇气，先是集中注意力，然后全力以赴。更重要的是，要勇于尝试各种新的投资方法，因为做了也许会失败，不做，永远也

不会成功！"

巴菲特49美分的账簿，与其说是一本投资流水账，不如说是巴菲特艰辛创业的历史记录，里面不仅有诸多的财富数字，更有巴菲特独特的人生智慧，充满了睿智的思辨，堪称投资者人生的智慧羊皮卷。

第二节 巴菲特最崇拜的人

永远走在去工作的路上。

——巴菲特

巴菲特非常推崇勤奋工作的人。比如，他的密友比尔·盖茨就是一个举世闻名的工作狂人，每天的工作时间长达十几个小时。

巴菲特本人也是个十足的工作狂，为此他可以不修边幅地在办公室通宵达旦地工作。所以，巴菲特最崇拜的人中，有两个人不得不提，因为他们工作起来，比巴菲特还疯狂。

露丝·布朗基是一个家具商场的老板，她在战后来到美国奥马哈市，从500美元起家，却能打败众多财大气粗的财团，成为家具行业的翘楚。

这位被奥马哈市民亲切地称为B夫人的商界女强人（她的

姓氏的首字母为B），直到90多岁的时候，还要每天工作十几个小时。一次，一个报刊记者对B夫人进行专访。

著名记者赫拉德问对面的B夫人："请问尊敬的女士，您最喜欢的电影是哪部？"这是记者非常喜欢提问的问题，从中可以看出受访者的业余爱好和个人趣味，没想到露丝女士令人大跌眼镜："我太忙了，坦率地说，自从来到美国之后，我就没看过电影。"

"那您最喜欢哪种鸡尾酒呢，尊敬的女士？"赫拉德有些不甘心，因为在他几十年的采访生涯中，还没碰到如此极品的采访对象。

"对不起，我从不喝酒，那样只会离破产更近些，因为喝酒会使人胡说八道，丧失理智。"

"那您平时有什么爱好呢？"

露丝沉吟了一会儿，腼腆地说："要说爱好，好像是开车。"

赫拉德好像抓住了最后一根救命稻草，因为他实在感到为难，恐怕交稿的时候，他的文档只有一个词——工作。"那您开车都去哪里呢？购物还是健身？"

"我想您误会了，我开车不是闲逛，而是去竞争对手的商场，看看他们玩些什么花样。"赫拉德彻底无语了，还是工作！看来这次采访是以失败告终了。不过赫拉德临走的时候，还是向着露丝女士深深地鞠了一躬，以表示对这位传奇女性的敬意。

巴菲特也对露丝女士满怀敬意，就如同一个孩子对祖母的感情一样。在露丝女士77岁的时候，巴菲特出资收购了她的家具商场，巴菲特在签字仪式上说："我收购这间商场，并不仅仅是一次商业并购，实际上是表达对露丝女士辛勤工作的敬意，要知道，我宁愿和一头大棕熊竞争，也不愿意同她做竞争对手，因为她精力充沛，几乎是不可战胜的，既然不想做敌人，就只好做朋友了。"

1993年，当露丝女士百岁寿诞的时候，巴菲特像往年一样，亲手送上了一大束百合花和一盒糖果，还有一张百万美元的支票，以资助露丝女士以自己的名字命名的一家儿童剧院，巴菲特将这里变成儿童们狂欢的乐园。

无独有偶，巴菲特在工作态度方面最崇拜的人，还有一位是他的同学——彼得·林奇。他是巴菲特在沃顿商学院学习时低年级的学弟。彼得更是个不要命的工作狂人，尽管和巴菲特的投资理念有些差异，但是对待工作的认真态度却是一样的，甚至有过之而无不及。他每年要在世界各地，访问近200家上市公司，阅读近千份调查报告。

1985年，是林奇和妻子卡洛琳结婚20周年纪念日，他们同去意大利参加一个投资会议，却没有顺道游览一下著名的"水城"威尼斯，因为林奇说那里没有一家值得拜访的上市公司。林奇一年的行程是10万公里，这相当于每天要在路上疾驰400英里。

巴菲特在伯克希尔公司的年会上，最爱举露丝女士和林奇先生的例子，他说："如果你做到像他们一样，和露丝小姐一样对工作之外的事情一无所知，和林奇先生一样，生活在工作的路上，你还有什么事情做不好呢？"

第三节　你出钱，我出智慧

用我的想法和你们的钱，我们会做得很好。

——巴菲特

在巴菲特的联合投资公司成立初期，巴菲特就开宗明义，对那些拿钱出来投资的家族成员说："你们拿出钱，我拿出智慧，就是这么简单，当然，我会获得和我的智慧相当的利润，更重要的是，我永远也不会告诉你我是如何赚到钱的。"

这是个看起来不可思议的口头约定，但是很神奇的是，没过多久，巴菲特的公司成员就从自己的家族亲属，扩大到圈内好友，而且还在不断壮大。

巴菲特是这个公司的管理者，其他人都是有限责任者，合伙人不需要做太多复杂的工作，一般而言，他们赚钱的方式只分三个步骤：拿出钱，拿回利润，中间是一年时间的等待。

巴菲特最早筹到了10万美元的启动资金，这在当时是一笔不小的投资，他将办公室设在了自己卧室旁边的过道上，这个不足10平方米的角落，成为了巴菲特商业帝国的起点。他开始寻找自己的投资合伙人，最初，并没有人相信这个有些邋遢的毛头小伙子，巴菲特登门请求时往往吃了闭门羹。

巴菲特并没有就此放弃，反而更加执着地敲开更多人的家门。因为他相信，自己的未来会很光明，眼前要做的事，不过是成长路上必须经历的坎坷罢了。果然，天道酬勤，一切在1956年夏天发生了转变。

这年夏天，大学教授道奇找到巴菲特，这是巴菲特第一次接受家族成员之外的投资。

道奇敲门的时候，迎接他的是光着脚的巴菲特，这个不拘小节的年轻人，信心满满地和道奇畅谈了自己的投资理念，10分钟后，道奇将一张12万美元的支票，放到了巴菲特位于昏暗的过道里的办公桌上，然后说了一句简短的话："我信任你，我想让你来管理我的钱。"

就是这句让人温暖无比的话，维系了巴菲特和道奇之间长达近30年的友宜，巴菲特从此负责道奇一家的金融投资，到1983年道奇先生去世的时候，他的资产已经从最初的12万美元增值到5000万美元，增值几百倍。

道奇先生的儿子诺顿，后来也成了巴菲特公司的股东，他回忆自己父亲的时候说，我父亲认为巴菲特是一个商业天才，那天短短的10分钟的谈话，就让我父亲决定将全部身家交给巴菲特，因为他发音独特有力，思路清晰无比，我们甚至可以知道他大脑的哪部分在高速运作。

诺顿后来投资前苏联艺术家的波普艺术，并将这些才华横溢的大师的杰作，介绍给对此还一无所知的西方艺术品世界，并让这些生活于铁幕之下的艺术家赢得了世界性的声誉。

后来，他将这些价值2000万美元的藏品捐赠给大学的博物馆，并在捐赠仪式上激动地说："如果允许，请将这些藏品叫做巴菲特藏品，因为没有他的话，我不会有什么资金挖掘这些人类艺术的瑰宝，这些宝藏也许还要在铁幕后面沉睡几百年。"

只有10分钟，便决定加入巴菲特公司的道奇，已经成为巴菲特公司成长历程中的传奇，还有另一个合伙人的加入方式更为奇特，他甚至与巴菲特并未谋面。

1964年，一个叫做劳伦斯·特奇的年轻人，给巴菲特寄来一张面额是30万美元的支票，当巴菲特握着这张陌生人签名的支票不知所措的时候，发现在支票的旁边还附有一张便笺，上面只写了短短的一行话：亲爱的巴菲特，我也想成为你的合伙人。

特奇绝不是一个一时兴起就胡乱行事的富家公子，也不是懒惰成性，他忙得连和巴菲特见面的时间都没有，之所以寄来一张支票，而没有任何附带条件，是因为特奇经过调查，他发现巴菲特是这个时代最伟大的"金融大师"。

特奇后来回忆说："当我对投资一无所知、茫然无措的时候，是巴菲特拯救了我，我毫不怀疑他是这个时代最伟大的天才之一，他不是什么投资者，更像是一个金融建筑师，他自己

两手空空，而是劝别人拿出很少的一部分投入，幸运的是，别人拿来很少的一点建筑材料，到年底的时候，他会像变魔术一样垒出一个巍峨的大厦。"

但是，传奇并不是每天都在发生，更多的人只看到巴菲特简陋的办公条件就打了退堂鼓，这也不能苛求这些拒绝加入巴菲特合伙人公司的人们，因为要将全部身家交给一个小伙子去打理，而这个年轻人是在昏黄的过道里办公，没有金发女郎秘书，甚至没有计算器，谁能放心呢？

当年很多拒绝过巴菲特投资请求的人，后来都后悔不迭，因为他们失去了成为亿万富翁的机会，命运就是这样，谁也无法预测未来，所以就没有必要苛求过去。

1969年，巴菲特忽然做出了一个决定，解散了巴菲特合伙人公司。这时，公司已经拥有了1亿美元的资产，而巴菲特本人也拥有了2000万美元的资产。从10万美元的投资，到今天的规模，巴菲特只用了13年的时间，39岁的巴菲特给合伙人写了一封伤感又温暖的告别信："亲爱的朋友们，是时候说再见了。坦率地说，这个时代变幻太快，而我的思维方法，有些不适应新的游戏规则了。所以我决定要离开，因为我不想因为这个世界而改变。更重要的是，我不想因为我的原因，使得我最亲爱的朋友们的财富受到损失……如果需要，我还是你们最忠实的朋友，如果你相信我，我会义无反顾地来到你身边，和你说起那句话——我出智慧，你出钱。"

巴菲特结算了公司的资产，和朋友们依依惜别，以后，他再也没有组建过这样类似"家庭手工作坊式"的金融公司，因为，他收购了伯克希尔·哈撒韦纺织公司，走上了正规的商业运作之路。

就在巴菲特解散合伙人公司后的第三年，美国股市大崩盘。在经济危机的重创下，原巴菲特联合投资有限的合伙人们却躲过了一劫，人们不得不佩服巴菲特的远见卓识。

Warren Buffett

第五章　我思故我在

■ 第一节　可说的与不可说的

　■ 第二节　史上最贵的晚餐

　　■ 第三节　信任的力量

　　　■ 第四节　比尔·盖茨眼中的巴菲特

Warren Buffett

第一节　可说的与不可说的

> 父母告诉我，如果对一个人说不出什么美好的话，那就什么也别说。
>
> ——巴菲特

每年的5月，一年一度的伯克希尔·哈撒韦公司股东大会都会如期举行。

每年都有一万多名来自世界各地的股东和仰慕者，涌向位于美国奥马哈市的林肯中心。好像是参加一次巨星演唱会一样，大家都带着啤酒和爆米花，无拘无束地小声交谈、大声欢呼。

在一个简朴的舞台上，挂着深蓝色的帷幕，西装革履的巴菲特和他的合伙人坐在一起，一边喝着可乐，一边回答着大家各种稀奇古怪的问题，这一切不像是公司年会，倒像是全民的狂欢。和巴菲特每年一次豪华得令人咋舌的慈善晚宴相比，这个是大众化的巴菲特的年度个人秀，豪华与简朴，两种迥异的风格就这样奇妙地融合到巴菲特一个人身上。

在这个朴素的会场上，诞生了巴菲特的很多金句格言，公司年会的大众提问时间长达5个多小时，主客答问的形式充满了随机性和偶然性，而巴菲特深谙演讲之道，懂得如何用最直白、浅显的语言将深刻的哲理表达出来。时而调侃自己的缺点，时而对时事嬉笑怒骂，让听者直呼过瘾。

以下是巴菲特式的经典问答：

有一个莽撞的投资者提问："您的身体状况怎么样？"

这个提问实际是个语言陷阱，如果你回答很好，就等于欺骗了大众，世人都知道巴菲特患上了早期癌症，而如果你实话实说，就会让投资者对伯克希尔公司的前景产生不良的预期。

巴菲特平静地喝了一口可乐，然后用很严肃的口吻说："实话讲，正如你们在报纸和电视里看到的，我的身体有点麻烦，不过我觉得还行。正如，你要是关心一个女人未来的容貌，最好看看你的准丈母娘，而如果你要关心一个男人的身体状况，最好问一问他的现任女友。"全场先是静悄悄的，后来爆发出一阵哄笑，气氛顿时热烈起来了。巴菲特的回答很巧妙，他既没有回避问题，又很隐晦地表达了自己的健康没有任何问题，还顺便揶揄了那些谣言的制造者，可谓一石三鸟。

有一位年轻的女士提问："请问巴菲特先生，如何选择股市中抄底的时机？"

巴菲特知道这又是一个棘手的问题，如果有人知道了如何抄底的时机，无异于知道了赚钱的不二法门。可是面对一位女士的提问，不回答或者模式化的回答方式，都会让人觉得自己态度不够诚恳。于是巴菲特采用了自己最擅长的比喻的方式来回答这个问题："这个问题的答案也是我想知道的。所以我没

法告诉你真相，这好像是只有等到海上的大潮退去之后，才会知道谁是裸泳者。我们永远也无法预知市场的底部，但是当你实在拿不准主意的时候，建议你给伯克希尔公司打个电话，据说他们知道上帝的电话号码，一起试试看，他在不在线吧。"

巴菲特的每一次回答都堪称经典，所以，与其说巴菲特的名气大得惊人，不如说他的语言犀利无比，直刺事物的内在本质。而且最重要的是，他身上有种绅士风度和与生俱来的幽默感。于是，有研究者将巴菲特的讲演称为语言催眠，将他的营销术总结为语言病毒营销。

巴菲特还善于以一种美国人的方式，与投资者进行私密性的晚餐交流，很多参与者都有这样的感慨："听君一席话，胜读十年书。"近10年来，巴菲特已经通过这种方式，为慈善基金会筹集了近2000万美元的善款，他用这笔谈话得来的资金，帮助了很多流浪儿童和其他无家可归的人。

尽管近几年善款的额度有下降的趋势，但是并不妨碍巴菲特成为媒体报道的头条，更诡谲的是，巴菲特和晚餐会参与者的谈话内容是绝对保密的，当事人绝对不会透露一个字。

巴菲特是一个真正的营销大师，他利用每年一度的股东大会，向世界传播自己的投资理念，好像是个滔滔不绝的演讲家；而在慈善晚宴上，他对外又只字不提，成为一个沉默的神秘主义者。所以，无论是只有普通资质的大众，还是精通融资之道的金融大鳄，都被巴菲特的语言魔咒所左右。可说的与不可说的，都成为巴菲特吸引眼球、呼风唤雨的法宝。

巴菲特也在种种信息不对称的猜测和窥探中，在与外界若即若离的接触中，成为投资界的绝对权威，登上了事业的巅峰。我们说金融市场中，最重要的是群体的信心和参与，巴菲特的语言就有这样的魔力。

其实巴菲特的魔力，主要来自于自我内心的强大，对自己投资理念的坚持。巴菲特从来不人云亦云、随波逐流。所以他的谈话和沉默都显得别具一格，独树一帜。

进入21世纪以来，美国市场热捧互联网概念，诸多和互联网相关的科技股都扶摇直上，成为市场的新宠，但是巴菲特仍然坚持己见，拒绝投入资金。于是诸多批评者认为巴菲特已经老了，思维跟不上现代社会的快速发展的节奏了。一个金融周刊的封面干脆放上了满脸皱纹的巴菲特照片，主标题写道——沃伦，你哪儿不对了？言下之意是，巴菲特的时代已经过去了，股神也有犯错的时候。一时间，对巴菲特的舆论也发生了180度的大转弯，从无条件的膜拜转向了此起彼伏的口诛笔伐。面对大家的责难，巴菲特保持了沉默。

但是2008年之后，随着科技股和地产股泡沫的破碎，所谓高科技概念从云端跌到了现实，而巴菲特的"价值投资"和"长期持有理念"再次成为了投资市场的宠儿。当人们重新将崇拜的目光投向巴菲特的时候，他只是淡淡地一笑，好像早知道这一天会到来一样。

著名经济学家马克·塞勒尔在哈佛大学演讲的时候说："伟大的投资者，并不是在正确的市场判断面前夸夸其谈，而是在众人皆醉的时候，保持清醒的头脑，保持自己独立的判断，就像巴菲特那样。"

巴菲特一直没有和身边的朋友谈及这场人生的插曲，他只是淡淡地说："我信奉这样一句话，不能说的，就沉默。"

第二节　史上最贵的晚餐

> 在拖拉机问世的时候做一匹马，或在汽车问世的时候做一名铁匠，都不是一件有趣的事。
>
> ——巴菲特

巴菲特的晚餐会，或许是这个星球最贵的晚餐，通过网络竞价，竞价高的可以和巴菲特共进晚餐，而这个"幸运儿"需要投入动辄几十万美元。而巴菲特也不会将善款据为己有，而是将晚餐会的收益全部捐献给基金会。

和股神巴菲特共进一次晚餐，需要付出多少钱？巴菲特年度慈善晚餐的起拍价格是2500美元，胜出者可以邀请7位朋友，和巴菲特在纽约最有名的史密斯牛排店共进晚餐。你可以与巴菲特交流任何你感兴趣的问题，除了一项禁忌——禁止讨论个别股票的涨跌问题，这样会引发不公正竞争，以及恶意宣传炒作问题。

有"中国私募基金之父"之称的赵丹阳为慈善晚餐出价211万美元，晚餐价格由此被推上了7位数的关口。虽然一年之后的价格降低为168万美元，但是两年之后的价格被迅速地拉升为346万美元。

2006年，一个名叫"fast is slow"的网友拍得了与巴菲特共进晚餐的机会，付出的代价是62.1万美元，按照当时的汇率接近500万人民币。这个中文译名为"欲速则不达"的网友，竟然是一个中国人，是中国赫赫有名的企业家段永平。他曾经创造了小霸王学习机、步步高电话等品牌。一时间，国内舆论哗然，有的人认为这是段永平炒作自己企业的手段，有的人认为这是一个暴发户向一个资本家讨教快速发财的秘诀，更有激进的网友认为，有这些钱为什么不捐助国内的希望工程？为什么不改善贫困山区的经济条件？这分明是向外国人献媚的愚蠢做法。

段永平并不这么看，花500万吃一顿饭，到底值不值，是一件见仁见智的事情。这次天价晚餐的背后，并不是什么炒作，也不是为了获得什么发财秘籍。在接受著名杂志《中国企业家》专访的时候，段永平敞开了心扉，他抿了一口绿茶，平静地说："这次晚餐会，与其说是为了和巴菲特吃一次饭，倒不如说是为了回报巴菲特对我的指导，虽然我们没有见过面，但是靠着他的投资理念，我早在十几年前就已经成为了亿万富翁。所以，这是一次感恩回馈的宴会。"

段永平的目光看着远方，好像在回忆那次竞拍的经历："我和巴菲特吃饭并不是什么炒作，人家的名气大得吓人，也不需要炒作，而是告诉大家，慈善是个终极的事业，需要有人来捧场，不然的话，这个世界将变成自私自利的黑暗世界。"

段永平感谢巴菲特，是一种发自内心的情感，因为他的财富主要是靠着巴菲特的投资理念，在美国股市上赚到的。

2006年的那次晚餐，面对自己的偶像巴菲特，段永平的心里忐忑不安，他在前晚彻夜难眠，设计了几十个问题，但是到最后就凝练成两个问题，这两个问题其实是一个问题：在投资股票的时候，经常会遇到一种两难的境地，有时候，遇到一只很好的股票，但是手头没有钱，而当你有些钱的时候，又很难发现一只有价值的股票。该如何调整这种心态？

其实段永平心中已经有了答案，这样两难的境地，所能做的只有四个字"顺其自然"。但是到了晚餐结束，段永平也没有问这两个问题，因为在晚宴中，巴菲特和段永平只是谈天说地，聊一聊历史典故和家庭琐事，并没有多少涉及到股票投资。但是段永平并没有失望，因为在巴菲特为数不多的涉及到金融的谈话中，巴菲特无意中说的一句话，对段永平启发很大："很多人问我，如果遇见一个特别好的投资机会，可是手头没有钱怎么办？我的意见是，借钱投资也许会让你一夜暴富，但是也可能让你倾家荡产。因为你的赌徒心态，会让你欲罢不能。"

巴菲特的话，让段永平沉思了好久，这正是他想要得到的答案，因为自己做投资是一个充满压力的工作，兴奋伴着懊恼，失望常伴希望。紧张和焦虑似乎成了段永平日常生活的写照。而巴菲特的话告诉段永平，适可而止和知足常乐是人生的至高境界，一夜暴富的心态是一种注定失败的心态。市场允许犯错，但是不允许犯贪婪的错误。

段永平投资网易与UHAL股票，让段永平赚得盆满钵满。也让段永平名声大噪，很多朋友找段永平投资。但是段永平有自己的投资原则，他并不打算成立什么投资基金会，做专业的投资管理人，而是做一个逍遥自在的散淡的人，有时间有精力就帮助朋友赚些钱，如果感到力不从心就洗手不干了。所以朋友的账户都是放到自己手里十几年不动，自己也尽心尽力地为朋友投资提供信息咨询，就是这种简单快乐的投资理念，让段永平的财富呈几何数字增长。

段永平有句名言："慈善是我的正式工作，而投资不过是我的业余爱好。"段永平在多次演讲中反复提到这样的投资理念。

2005年，段永平和妻子刘昕成立了家庭慈善基金，除了自己价值几亿美元的股票收益之外，还有很多朋友的捐赠。段永平捐助的主要对象是医院和教育事业，比如，他和自己的校友，网易CEO丁磊一起向斯坦福大学捐赠了400万美元，用以帮助第一次来美国的大一中国学生，帮助他们适应异国的生活。在母校浙江大学百年校庆的时候，他又联合几个校友，捐赠了近4000万美元，这堪称是当时中国最大的一笔个人捐赠。

　　段永平在演讲中深情地说："我是巴菲特在中国的弟子，或许，我学不会他的投资理念，但是我要学习他扶危救困的慈善理念。这种理念似乎更难学习，值得我毕生追随巴菲特的脚步。"

　　段永平对巴菲特慈善基金会的效仿，也让一时间炒作得沸沸扬扬的争论——花500万元吃一次晚餐值不值得——变得销声匿迹。因为，巴菲特留给后辈学习的财富，远远超出了金钱的境界。

第三节　信任的力量

> 　　投资股票致富的秘诀只有一条，买了股票以后锁在箱子里等待，耐心地等待。
>
> ——巴菲特

　　特勒西·戴维斯是巴菲特的邻居。这个富有的女士很仰慕身边的邻居，听说这个传奇人物有点石成金的能力，于是在一个周末她邀请巴菲特去自己家里做客，巴菲特很绅士地答应了特勒西的盛情。

　　"我听说您赚钱很有自己的想法，我想聆听一下您的看法，我在这方面可以说是个十足的白痴。"特勒西开门见山，

因为她急于获得打理财富的秘诀。

巴菲特好像已经习惯了这种唐突的提问，他耸了耸肩膀："尊敬的女士，我非常理解您的心情，如果您想和我交个朋友，我非常乐意胡说八道一番，如果您非要我说出所谓的赚钱秘籍，我实在是无可奉告。"

特勒西还是不死心，她觉得这是巴菲特的谦虚之词。特勒西花了几个小时时间详细询问了巴菲特关于投资方面的问题，巴菲特却什么也没说，只是说了些关于人生的体会。

特勒西的丈夫戴维斯先生，就坐在旁边一言不发，他只顾自己翻着病人的日志，突然，戴维斯先生抬起了头，从眼镜后面投出了赞许的目光，这时候，巴菲特正说到自己的投资理念："价值投资，然后长期持有。"

戴维斯先生忽然站了起来，来到书房的书桌旁边，取出支票簿，刷刷点点填写了一张支票，递给了一脸惊讶的巴菲特："巴菲特先生，正如你说的，我们不是在谈论什么投资理念，而是作为朋友随便谈谈，这里有10万美元，算是我们的一点投资，拜托您让它们升点值。"

"为什么这么信任我？"巴菲特觉得有些突然，毕竟，当时的10万美元是一笔不小的款项，仅仅凭借两个小时的谈话就将这笔巨款放到一个陌生人的手里，这简直是不可思议的决定。

"其实也不为什么，我说过，我觉得您和我的朋友查尔斯·芒格特别相像，如果我相信芒格，那么我同样也会相信您。"就这样，巴菲特得到了人生中第一笔信任投资，还有三个终身的好朋友——特勒西、戴维斯、查尔斯·芒格。

后来，随着朋友们的互相介绍，巴菲特的人脉关系就像滚雪球一样，越来越壮大。到了1962年，巴菲特将公司的名字从巴菲特联合投资公司，改为"巴菲特和他的朋友们"合伙人公司。这个公司由10个合伙人公司组成。

7年之后，巴菲特没有辜负朋友们的期望，将合伙人公司的产值增长为一亿美元。那个时候，巴菲特总和朋友们讨论投资哲理，这是他只和朋友们分享的心得。

巴菲特踌躇满志地说："我们要做的无非是三个步骤，一是要购买股票，标准只有一个，选择那些价值被低估的股票，然后长期持有就可以了；二是要买债券，就是利用企业兼并的机会买入那些未到期的债券；三是购买股票，然后争取获得大企业的控股权。只要掌握了这三个步骤，我会担保大家的资产会成倍地增长。"

巴菲特为他的朋友赚取了巨额的利润，他的合伙人公司的年利润每年都会超过30%。

"随着朋友越来越多，我们的合伙人公司规模越来越大，不过我要警告大家，这个范围不能再扩大了，要是无限扩大下去，那么我们的公司就要成为联合国了，所以，我发誓，我们的规模不能再扩大了，如果明年的这个时候，年会的座位继续增加的话，我就要爬上自由女神像去跳海。"

不过第二年年会，股东的座位继续增加，因为巴菲特的朋友越来越多，不过朋友越多，他得到的投资越多，利润越大。巴菲特也没有践约跳海，而是继续去年的"抱怨"，然后微笑着迎接新朋友的加入。

不过，在1968年7月11日的日记中，巴菲特记录了自己的担忧，因为事物的发展总是有预见性的，当多数人乐意投资股票的时候，就是股市崩盘的开始。虽然合伙人公司目前还能赚取利润，但是这只是昙花一现的美好，并不能保持长久。

于是，1969年，巴菲特解散了"巴菲特和他的朋友们"合伙人公司。从内心的想法上看，巴菲特已经厌倦了作为投资工具的责任，他觉得现在的生活和自己的初衷有些背道而驰。

巴菲特最初的想法是和自己的朋友共同发展，但是越来越多的朋友加入自己的公司，挣到了巨额的财富，但是朋友间的友谊却发生了本质的变化，先前，朋友们的聚会是沙龙性质的，松散而随意，但是现在却变成了利益的共同体。巴菲特觉得前路充满了铜臭气。另外，根据州政府的规定，巴菲特公司的规模过大，已经从私募公司的性质转变为投资公司的性质，更重要的原因是巴菲特决心做自己的主人，而不是为别人操劳的打工仔。

拥有100名股东的"巴菲特和他的朋友们"合伙公司终于解散了，开始的时候，巴菲特的朋友们对巴菲特充满了不信任和各种指责，认为巴菲特不过是个忘恩负义的小人，一旦羽翼丰满就抛弃了共同患难的朋友。巴菲特对此毫不介意，他始终坚信自己对形势的判断。

三年之后，美国股市进入了长达两年的熊市，那些执着于股票投资的人都赔得倾家荡产，这时候，巴菲特的朋友们又纷纷向巴菲特致意。感谢巴菲特的先见之明，认为他有未卜先知的超能力。

巴菲特却保持着宠辱不惊的特点，他从容地回答："我哪里是什么先知，我让你们退出，不过是我恰好觉得股市有些过度膨胀罢了。你们不理解我的时候，最好不埋怨我，你们理解我的时候，自然也不必感谢我。"

其实，很少有人知道，巴菲特对股市的判断，是基于自己的严密计算和周密计划。当他解散自己的合伙人公司的时候，他已经做好了充分的准备，他悄悄购买了250万美元的伯克希尔·哈撒韦公司的股票，他决心做一次更大的冒险。

第四节　比尔·盖茨眼中的巴菲特

> 世界是扁平的，所以我们的距离并不如你想象的那样遥远。
>
> ——巴菲特

世界首富比尔·盖茨和世界第二富翁巴菲特之间的友谊，是业内津津乐道的事。

和创造世界名牌的人

一起放飞梦想

Let the dream fly

盖茨总和身边的人说起，第一次与巴菲特见面时的情景。

盖茨是在他母亲的一个宴会上，第一次见到了大名鼎鼎的巴菲特。坦率地说，盖茨对他并没有什么好感，年轻气盛的盖茨心里想："巴菲特不就是一个炒股的家伙吗？他有什么了不起？看起来就是一个相貌平平的老人而已，并没有传说中的那么神奇，真是见面不如闻名。"其实，盖茨更喜欢干实业的人，不喜欢那些凭借金融手段巧取豪夺的金融精英，认为他们不过是利用各种信息赚取价格差的"蛀虫"而已。

巴菲特似乎看出了眼前这个小伙子的心事。于是，巴菲特并没有和盖茨聊什么金融资产之类的话题，以免给盖茨一个套取商业机密的嫌疑。他只是不停地讲各种笑话，逗得盖茨母子哈哈大笑。

忽然，巴菲特推了推那个著名的玳瑁眼镜，话锋一转，变得严肃起来，开门见山地问了盖茨一个很有价值的问题："比尔，我一直想问你一个问题，为什么IBM公司做不了微软的业务，微软也同样做不了IBM的业务？这中间到底有什么奥秘？"

比尔·盖茨思考了半天，缓缓地说："诚实地说，我还真没考虑过这个问题。"盖茨有些惊讶，他没想到这个其貌不扬的老人，竟然问这么深入的问题。巴菲特说："这个问题我还真思考过，IBM是做硬件的，而微软是做软件的。两个领域的优势如果合并为一个领域，就会成为笨重的航空母舰。这种巨无霸式的企业，早晚会像恐龙一样，失去了天敌，会逐渐自我毁灭。而现在的互补式的发展，会产生一种鲶鱼效应。所以，现在的情形是最好的。"听罢巴菲特的分析，盖茨不住地点头，觉得自己对巴菲特的印象有些偏见。巴菲特是一个有着深邃思想的投资者。

渐渐地，盖茨发现，自己越来越喜欢上这个有些不修边幅的老男人。他出口成章，总是让你在不经意间莞尔一笑，然后又陷入长长的思考。他身边总是放着一堆汉堡和可乐——这些被称之为垃圾食品的东西，巴菲特对此却总是乐此不疲。宴会还没有结束，盖茨已经从内心深处喜欢上了这个随和而睿智的家伙。而巴菲特也极为欣赏盖茨，认为他是个充满自信、有创新活力的年轻人，于是，盖茨和巴菲特成为了忘年交。

盖茨每年都要参加在奥马哈市举办的伯克希尔·哈撒韦公司股东大会。这个大会不像其他大公司年会一样，正襟危坐，整天做一些枯燥无味的数据统计和年终总结，伯克希尔公司的年会倒像是一个大型聚会，充满着想象力和神秘感，最重要的是，其中最大的明星巴菲特也能与员工和朋友同乐，其中的压轴戏是巴菲特与盖茨之间举行的趣味乒乓球比赛和扔报纸进纸篓比赛。盖茨每次去参加伯克希尔·哈撒韦公司的年会，总是能从这个乐天派老朋友那里学到新的人生智慧。

盖茨说："我和沃伦认识几十年来，从他身上至少学到了三个优秀的品质。一是投资态度，也是人生的态度。投资不是寻找最强势的公司，恰恰相反，投资是寻找暂时还没有表现出优势的公司，就像一个人，如果他总是被低估的偏见包围着，他就会爆发出无限的生命潜能。一家有优秀潜力的公司也是如此。二是利用好每一次与人沟通的机会。这个世界是扁平的，如果你不能用幽默的方式表达你的见解，等待你的就只有冷漠和抗拒。三是珍惜属于你的时间。财富是不平等的，但是时间对每个人来说，都是最公平的。一个人的生命不在于长度，而在于单位时间里的深度和厚度。"

的确是这样，巴菲特的影响力，不仅仅局限于自己的员工和客户，他的思想体系对身边的挚友也产生了深刻的影响。巴菲特参与的"比尔与梅琳达基金会"项目，就是按照巴菲特的建议，将慈善的关注点集中于贫穷和疾病上，因为巴菲特抓住了当今世界的两大主题——和平与发展。

俗话说，同行是冤家，但是巴菲特和盖茨之间的友谊，一直被业界津津乐道。两个人的年纪相差25岁，但是并不妨碍两个人惺惺相惜，因为在投资理念和处事原则上，两个人的见解总是惊人的一致。巴菲特欣赏盖茨的创新精神和工作态度，而盖茨对巴菲特的远见卓识和深邃思想更是钦佩不已。盖茨把巴菲特称作"家庭老师"，因为他总能在家庭和事业方面给自己很多中肯的指导意见；而巴菲特则称盖茨是"这个世界最了解自己的人"。

也许很多人不相信，两个世界富翁单独相处的时候，并不谈论什么投资技巧或者赚钱秘籍，而是只交流家长里短、细碎琐事。

比尔·盖茨虽然贵为世界首富，在商场上呼风唤雨，但是在家庭问题上却显得一筹莫展。其实，巴菲特也好不了多少，两个智商奇高的创富大师，却是情商不高的"情感学"门外汉。所以，与其说盖茨向巴菲特讨教能够改善情感际遇的方法，倒不如说是两个老朋友围坐在一起，互相诉诉苦、发发牢骚。盖茨的苦恼主要在三个方面，一是和妻子梅琳达的关系，因为自己忙于工作，与妻子处在若即若离的微妙关系中，盖茨一直想修复这种不正常的夫妻关系，可是一直没有找到合适的方法。二是盖茨的一对儿女，也让这个天才头疼不已，因为他不知道如何与两个顽皮可爱的儿女相处。盖茨曾苦恼地说："和孩子在一起相比，赚钱容易多了。"三是自己的巨额财富该如何处理，毕竟这些钱是生不带来、死不带去的。

巴菲特实际上也被这几个问题困扰着，不过，在和老朋友谈心之后，巴菲特的头脑中忽然冒出一个词——慈善。

1993年，比尔·盖茨和妻子梅琳达·盖茨成立了"比尔与梅琳达基金会"，在巴菲特的建议下，盖茨将工作的重心转移到和妻子的二次创业上，只不过这次创业不以盈利为目的，而是为了更多的人创造福祉，现在，两个人携手管理这个世界上最大的慈善基金会。

作为盖茨的家庭问题指导教师，巴菲特也为基金会捐赠了近400亿美元，以及伯克希尔公司85%的股票。正如盖茨所说，巴菲特不仅仅是一个商人，他更是一个悲天悯人的智者。

Warren Buffett

第六章　快乐哲学和
幸福法则

■ 第一节　我从不打最后一个洞

■ 第二节　儿女是最好的老师

■ 第三节　至简主义

Warren Buffett

第一节　我从不打最后一个洞

> 时间是杰出（快乐）人的朋友，平庸（痛苦）人的敌人。
>
> ——巴菲特

凡是和巴菲特共事过的人，都会有这样的评价，巴菲特是一个和蔼、亲切的老板，很少有人见到他当面发脾气，气急败坏的失态行为更是和巴菲特无缘。

"巴菲特是一个天才，他的大脑一定是由特殊的材料构成，我怀疑他能同时思考三个以上的问题，但是这些问题的焦点一定是伯克希尔公司。"巴菲特的员工这样评价自己的老板。

巴菲特精力充沛，因为他的身体一直很棒，这也许和他喜欢体育锻炼有关系，他是一个狂热的高尔夫球运动爱好者。

巴菲特打高尔夫球的风格很独特，就是无论前面是输还是赢，却不打最后两洞，也就是说，在巴菲特的高尔夫球世界里，从来就没有什么成功和失败，因为他从来不走到最后一个洞，从而将这个充满刺激感的现代运动变成了纯粹的娱乐活动。巴菲特这样解释自己的行为："我不想知道最后的结果，

就像生命一样，如果你知道什么时候听从上帝的召唤，离开这个爱恨交织的世界，那么生活就没什么意思了。人生的全部秘密和魅力就来自于未知，所以，我不需要知道最后一个洞的秘密。"

当很多人在最后一个洞面前犹犹豫豫或者兴奋异常的时候，伟大的巴菲特已经超越了胜负观念，洒脱地将球杆递给球童，然后留给大家一个潇洒的背影。巴菲特的最后一个洞，成绩到底会怎样，一时间成为圈内好友谈论的焦点，不过巴菲特好像对所有的诱惑都有天然的免疫力一样，他对待所谓的最后的成功一点兴趣也没有。

生活中，他也喜欢过着一种平淡如水的生活，他的生活里没有明星聚会，也没有雪茄和烈酒，只有淡淡口味的樱桃可乐饮料，巴菲特虽然没有吸烟和饮酒的嗜好，但是并不反感别人喜好烟酒，很讨厌对他人吸烟和饮酒的习惯进行道德讨伐，他认为这些行为都没什么，就像有人喜欢用左手吃饭拿东西一样，没什么大惊小怪的，自己不吸烟不饮酒，只是对这些不感兴趣罢了。

巴菲特常去的饭店，是奥马哈市的格拉特牛排餐厅，这里只提供美味牛排和土豆泥。这些食品都是巴菲特的最爱。一杯樱桃可乐、几个牛排和汉堡，就是巴菲特标准的晚餐配置，他并不在乎什么胆固醇和高盐分之类的医生嘱咐。如果有人用身体健康之类的话劝解巴菲特，他也有自己独特的观点："生死有命，生命是我们这些凡夫俗子无法掌控的，只能听天由命。

再说人的寿命取决于父母的努力，告诉你们一个秘密，为了让我也更长寿一点，我给我的母亲买了一个跑步机，她已经在机器上跑了几万公里了。"巴菲特咬着涂满干酪的肉饼，喝了一口可乐之后，和朋友们开着玩笑。

巴菲特终生只服用一种药物，就是名声不好的咖啡因。为了这个嗜好，他甚至购买了大量的可乐公司的股票，巴菲特经常喝可乐，每次都成箱地购买，然后放在自己的车库里，在喝可口可乐前，他习惯于先喝一罐百事可乐。巴菲特认为先来一杯稍淡口味的饮料，然后再喝一杯浓烈的，就像人生一样，讲究的是渐入佳境。巴菲特的妻子苏珊曾经开玩笑地说："每一个认识巴菲特的朋友都知道，他的血管里流淌的不是鲜血，而是各种口味的可乐。不过这样也好，他没法去献血了，因为找不到和他匹配的血型。"

巴菲特非常喜欢著名哲学家伯特兰·拉塞尔的书，他经常躺在院子里的躺椅上，一边喝着可乐，一边翻阅着拉塞尔的著作，有些段落甚至已经倒背如流了。巴菲特最喜欢下面的一段话：

"人生必须有三种激情，才能主宰自我的命运：渴望爱情的热情，探求知识的勇气，对于人类的困难怀着同情的怜悯。

我追求爱情，首先是因为它能带来人生的狂喜——她会带你走出寂寞，走出世界边缘的冷漠和死寂，带你走进梦中的天堂。

我渴求知识，首先我要怀疑一切。这种怀疑是科学的精

神，无论亲疏，无论权贵还是低贱，甚至是我自己。

怜悯之情总是把我带回到痛苦的尘世。一个痛苦的哭泣声都会在我的内心回荡不已。对此我也无能为力，因为我也在承受同样的痛苦。这就是我的生活。这三种激情让我觉得值得生活下去。倘若真有来世，我愿意还是这样再活一世。"

这，或许也是巴菲特的人生宣言，是他打高尔夫球时不打最后一个洞的原因，因为，他历尽创业的艰辛，看过人生的胜败浮沉，他已经看淡了所谓的胜负悲喜，不再需要用成功与否来证明自己的存在了。巴菲特这个名字，已经说明了一切。

第二节　儿女是最好的老师

> 如果没有健康和家庭，人生的一切都会归零。
>
> ——巴菲特

很多人头脑中一直有一个固执的想法，认为父母是孩子最好的老师，但是巴菲特却以自己的实例证明，有时候，儿女也是父母最好的老师，没有谁生下来就会为人父母，父母也是需要不断学习的，很多不谙世事的家长，是被儿女的纯真和家庭的氛围推动着，才逐步成长起来的。

巴菲特的三个子女，都是在他事业草创阶段出生的，那时的巴菲特整天忙于事业，根本没有心思照顾孩子，所有的家庭重担都推给了贤惠的妻子苏珊。所以，从某种角度讲，巴菲特是金融领域的巨人，但是在家庭生活中，他还是个心智没有得到启迪的大男孩，根本没有想过为人夫和为人父的责任。

一次，巴菲特下班回家，这天他因为新签约了一份大订单，心情大好，他吹着欢快的口哨直接奔书房而去，却对摔倒在地上的小儿子彼得视而不见，任由他嚎啕大哭。看到此情此景，在一旁的苏珊感到十分绝望，认为巴菲特简直是个冷血的怪物。

诸如此类的事情还有很多，渐渐地，巴菲特的三个子女——小苏珊、霍华德和小彼得也认为父亲是一个自私自利的家伙，一个没有责任感的男人。于是，父子的关系十分紧张。

有一次，10岁的小彼得和母亲一起逛书店，发现一本励志图书《一个父亲的手记》，马上被书中所描绘的父亲形象所吸引，认为自己的父亲与书中的理想形象差距很大，他的父亲需要学习如何做一个慈祥的父亲，至少应该有作为一名父亲的责任感，懂得如何和孩子交流。彼得坚持让母亲买下这本书，然后颇有深意地将这本书摆放在了父亲的写字台上。

巴菲特看到这本孩子买的书，内心受到了很大的触动。他彻夜难眠，一直在反省自己的做法。他发现这十几年来和子女的交往几乎是零，这在十分注重家庭和亲子文化的美国，简直是不可想象的。于是，他决心开始一项伟大的计划，书写一本"父亲日记",每天都要挤出时间来记录孩子成长的点点滴滴,并在旁边记录下一个父亲的感受。这样的日记几十年来从未间断,累积起来有40多本,这些成了巴菲特一家最宝贵的精神财富,也让孩子们对父亲的看法大为改观。

巴菲特决心做一个合格的父亲。但是,要做到这一点实在不容易,巴菲特也是不断在实践中摸索做父亲的经验。他尽量抽出时间陪伴孩子,给孩子辅导数学,陪着小彼得和霍华德打篮球,他甚至破例把苏珊带到了自己的办公室。但是,巴菲特最初的改变有些笨拙,做出的很多事情让儿女们啼笑皆非。

有一次,巴菲特问小苏珊:"你说说看,你平时最喜欢什么样的糖果?"小苏珊很高兴,以为爸爸马上会给自己买最喜欢的巧克力糖,于是就报出了自己平时最喜欢吃的几种糖果品牌名称。没想到,等了半天巴菲特还是坐在办公桌后无动于衷,后来,小苏珊才知道,原来爸爸问自己喜欢什么样的糖果,并不是想给自己买,只不过是为了调查糖果市场什么品牌受欢迎而已。小苏珊感到万分沮丧,觉得自己并不是巴菲特的女儿,而是他问卷调查的一个对象。其实苏珊并不知道,这样的举动在巴菲特那里,已经算是做出了非常大的努力。

随着事业的发展,伯克希尔公司已经走上了发展的正轨,于是,巴菲特将心思更多地放到了教育儿女上面。巴菲特认为,对子女最大的教育应该是金钱观和价值观的教育。

巴菲特在客厅的角落里放了一个角子机,为了让孩子们明白,靠赌博投机没法创造真正的财富,巴菲特就想了一个绝妙的方法，他在发给孩子零花钱之后，怂恿他们到角子机上试试运气，结果可想而知。当孩子们沮丧万分的时候，巴菲特和苏珊走到孩子面前，告诉他们赌博就是这样，看起来机会很多，但是最后往往会倾家荡产。小苏珊和弟弟们从小就知道，赌博并不是人生的正途，偶然的获利换来的是不劳而获的思想，要想致富只能靠勤劳的双手和智慧的头脑。

巴菲特认为"授人以鱼，不如授人以渔"。家里有钱也是个双刃剑，会让子女们失去创造财富的动力。为了帮助孩子懂得理财的重要性，巴菲特往往扮演着"冷酷无情"的角色。当几个子女上大学的时候，巴菲特拒绝免费资助他们，而是告诉他们向银行申请助学贷款的流程。开始的时候，几个子女不理解父亲的举动，认为他是个吝啬的葛朗台，但是毕业之后，他们都通过按时归还贷款，掌握了人生的基本生存能力，这才体会到一个伟大的父亲的良苦用心。

几个子女成年之后，又面临着新的烦恼。这时候，他们已经可以和巴菲特一起面对面坐着畅所欲言了。在一次家庭聚会上，一家人围坐在一起，享受着难得的家庭欢聚时光。

霍华德沮丧地说："我投资生意失败了，我知道您并不想让我成为一个寄生虫，所以，我真的不是请求您的帮助。只是想听听你对我有什么建议。"巴菲特看着自己的大儿子，知道霍华德是一个自尊心很强的小伙子，一般情况下不会轻易开口，于是决定用一种特殊的方式帮助他："霍华德，我知道了你的难处，我想买下一个农场，然后租给你，如果你经营得好，我就将农场送给你，否则，你就要欠我一大笔钱。"后来，善于经营的霍华德果然不负众望，农场经营得有声有色，他还利用业余时间从事摄影，现在已经是美国《国家地理》杂志特约的摄影师。

彼得已经是一个小有名气的音乐家了，但是他总是感觉自己的身上带着"股神"巴菲特的光环，这是一种无法摆脱的荣誉，也是一个无形的枷锁。彼得对父亲说："知道吗？我是您的儿子，但是在外人看来，我仅仅是您的儿子而已，无论我取得了什么样的成就，大家都会说，看！这是巴菲特的儿子，而不会说，这是彼得·巴菲特，著名的音乐家。"巴菲特特别理解儿子的心情，他安慰自己的小儿子说："别着急，亲爱的儿子，如果有一天，你写音乐获得的掌声，和我赚的钱一样多的时候，人们就会说，看，那个股市里的老头，是著名音乐家彼得·巴菲特不中用的爸爸！"

女儿小苏珊和巴菲特的感情最深，她希望爸爸重视身体健康，不要老是熬夜和吃垃圾食品。于是，巴菲特为了自己的体型问题和苏珊打了一个赌：如果巴菲特的体重下降五磅，苏珊要付给父亲一万美元。后来，苏珊百般利诱巴菲特去肯德基吃冰激凌，但是巴菲特始终不为所动，最终赢得了这次对赌。不过，巴菲特随手将赢来的钱又捐给了女儿的慈善基金会。

随着巴菲特步入了人生的暮年，他对家庭的和睦以及亲人的和谐更加看重。而对财富并不十分在意了，因为那些金钱不过是一些符号而已，谁会在乎符号后面多一个零还是两个零

呢？如果没有健康和家庭，人生的一切都会归零。

曾有人问巴菲特，晚年最大的心愿是什么？巴菲特平静地回答：“我希望做一个长寿的人，倒不完全是因为怕死，而是想和我的孩子好好相处，因为童年的时候我亏欠他们太多，而他们可以做我的老师，教会我如何做一个合格的父亲。”

“让你给自己的父亲形象打分的话，能打多少分呢？”

“谁知道呢？或许我的孩子们更有发言权。做父亲也是个不断学习的过程，我生命的前50年，不及格。到现在，在几个儿女的辅导和帮助下，勉强及格吧。”巴菲特望着桌上的全家福照片，幸福地说。

第三节　至简主义

我喜欢简单的东西。

——巴菲特

巴菲特很欣赏《伊索寓言》中的一句话：“一鸟在手胜过百鸟在林。”意思是做人不要奢望过多，珍惜眼前拥有的，才能创造更多的价值，如果贪婪成性的话，很可能拣了芝麻丢了西瓜，得不偿失。

那么如何做到抓住手中拥有的财富呢？巴菲特给出的答

案是一个充满思辨意味的金句："在别人贪婪的时候恐惧，在别人恐惧的时候贪婪。"中国也有一句类似的古训：少则得，多则惑。其实金融市场的运作很简单，就是否定思维和逆向思维，不能人云亦云，抱着随大流的心态运作，永远会成为市场大潮退去之后，孤独地剩在沙滩上的裸泳者。

巴菲特就把握住了"至简"的处事原则。他的办公室极其简陋，没有鱼贯而入的交易员队伍，也没有闪烁着股价、变动信息的大型电子屏幕，甚至没有一台电脑。在古朴的桌子上只摆放着两件重要的东西，一口有60年历史的古董钟，还有堆积如山的1930年以来的《财经日报》。

巴菲特就是靠着近乎原始的条件，赚得了巨额的财富。这看起来有些不可思议，但巴菲特认为，只有这样才能返璞归真、心无旁骛，迅速地抓住事物的本质。

正是凭借这种理念，他数度避开了华尔街股市的疯狂急涨急跌。他总是有耐心挑选被低估价值的股票，然后宛如姜太公钓鱼一样，稳坐钓鱼台，静静地等待着股价上涨。

每年总有很多投资者问巴菲特同样的问题："如何才能在股市中快速地挣到钱？"每当这个时候，巴菲特总是瞪着一双纯净的眼睛，直视对方五六秒，然后悠悠地回答："对不起，我真的不知道如何迅速地挣钱，但是我知道如何挣钱，就是要有耐心，当你不为这个世界的喧嚣所动的时候，就是化繁为简的时候，也是内心最为安静强大的时候，你的钱不会一周就到账，我想十年后到账也是好的，因为你用心选择的股票，总有一天会给你回报的。"

巴菲特在生活中更是信奉"至简主义"，到了近乎苛刻的程度。他和苏珊结婚的时候，并没有住在自己的农场里，而是每月花费60美元租住在一个普通公寓里。

公寓里的条件很简陋，每天都要光临的客人是几只大老鼠。巴菲特24岁那年，他们的女儿小苏珊出生了，但是节俭的巴菲特舍不得为女儿买一张婴儿床，他找来了一个大抽屉，里面铺上了自己上大学时的褥子。所以，后来小苏珊对朋友开玩笑说自己来自于一个神秘的世界，因为童话故事里的主角，都是通过抽屉往来于现实和魔法世界的。

等小苏珊长大以后，抽屉已经装不下了，这时的巴菲特仍然节俭得要命，他甚至向邻居借了一张婴儿床，他的理由是，反正孩子再过一年就要长大了，就可以和爸爸妈妈一起住，会节省下一张床的费用。巴菲特不仅对女儿苛刻无比，对自己的着装也很不在意，妻子苏珊给他买的衣服，不是送人了就是退货回去。巴菲特的西服总是皱皱巴巴的，看起来一点也不像是大公司的老板。有一个记者曾经问过巴菲特为什么不穿名牌，这样会显得尊贵一点。

巴菲特的回答令人啼笑皆非："尊贵？亲爱的，我这个样子不是很好吗？再说，我的形象本来就是贫民的模样，无论多贵的衣服穿到我的身上，都会像廉价的地摊货，既然如此，我还不如干脆直接穿地摊货得了。"

30岁的时候，巴菲特终于实现了儿时的梦想，成为一名

名副其实的百万富翁。一个朋友问他成为百万富翁的滋味怎么样，是不是觉得很酷？巴菲特耸了耸肩，一脸无所谓的表情："其实，没那么好。我根本不知道该如何花钱了，因为我这么多年光知道怎么挣钱了。"

的确如此，成为百万富翁的巴菲特仍然穿着廉价的西服，坐着破旧的汽车，吃着廉价的可乐汉堡，一切物质享受好像是和他无关似的。一次，巴菲特终于答应和妻子参加结婚十周年的纪念，他们随着旅游团到科罗拉多大峡谷旅游，一路上，导游不厌其烦地介绍这里的风土人情，重点是这些名人故居的装饰多么奢华。"知道吗？杜鲁门曾经住过这里，这里的地毯都是从伊朗进口的，需要10万美元。"

旁边的游客发出了一片惊呼赞叹，这时候，巴菲特冲了过来，对着导游吼道："尊敬的小姐，请不要告诉我们这些该死的东西值多少钱，请告诉我们，他们的主人是如何挣到钱的吧！"巴菲特正是这样一分一厘地积攒着自己的财富，可是，如果你认为巴菲特不过是一个葛朗台式的吝啬鬼，你就大错特错了。巴菲特一直信奉着他的老师格雷厄姆教授的一句名言："任何一个人，如果他的名下的财产超过100万美元，那么他就是个十足的笨蛋。"格雷厄姆的意思是，一个人留下自己最基本的生活用度就足够了，如果一生只是拼命累积财富给自己和自己的后人，这无异于一只愚蠢的蚂蚁。

巴菲特捐献了自己全部身家的99%，他真正做到了人生的至简主义。生时聚敛财富，"身后"千金散尽。

Warren Buffett

第七章　命运选择了我

■ 第一节　鱼与熊掌

■ 第二节　金钥匙和金匕首

■ 第三节　股神的遗产

Warren Buffett

第一节 鱼与熊掌

> 当我发现自己处在一个洞穴之中时，最
> 重要的事情就是停止挖掘。
>
> ——巴菲特

在人生的天平两端，总是放着两样东西，一个是事业，另一个是家庭，很多人在这个天平两端游移，找不到生命的支点，而成功者往往能在其中找到平衡点，因为他们抓住了生命的本质：为了家庭的幸福，努力开创事业，而不是相反。

巴菲特也是步入中年之后，才领悟到这个人生真谛的。在此之前，他总是忙于事业，忽略了与家人的情感沟通。后来，和妻子分居之后巴菲特才意识到，家庭和事业不仅不冲突，而且是事业更上一层楼的基石。

巴菲特的妻子苏珊，和巴菲特的姐姐曾经是大学的舍友，巴菲特去校园里看望姐姐的时候，第一次见到了苏珊，巴菲特陷入了第一眼的爱情，只是当时苏珊已经有男友了，巴菲特仍然不死心，他决心采用曲线救国的方法，和苏珊的父亲搞好关系，苏珊的父亲是一位大学的心理学教授，巴菲特就发挥了自己的特长，和这位准岳父大人海阔天空地谈论消费者心理

学，苏珊的父亲对这个浑身都是幽默细胞的年轻人产生了好感。

苏珊是一个孝顺的孩子，对父亲的建议十分看重。于是，巴菲特终于在1952年，和苏珊走进了结婚的殿堂。

在苏珊眼里，巴菲特就是一个长不大的大男孩，苏珊小时候体弱多病，俗话说，久病成良医，所以苏珊很会照顾人的饮食起居。另外，在心理学教授父亲的影响下，苏珊也很善解人意，她将巴菲特照顾得非常好。为了改善生活饮食，苏珊还参加了奥马哈的美食俱乐部，学习烹饪技术，变着花样地给巴菲特增加营养。

巴菲特也十分疼爱自己的妻子，他回忆起第一次见到苏珊的情景，"好像是一道闪电，劈开了自己锈迹斑斑的心灵之锁"。结婚之后，巴菲特还像初恋一样看待自己的妻子，他经常拉着苏珊的手，对着妻子海誓山盟，不过他的誓言和其他年轻人的不同："亲爱的苏珊，我向你发誓，我一定让你过上幸福的生活。让你成为有钱人。"苏珊被一种浪漫的氛围包围着，她动情地对丈夫说："我不要求能过上有钱的生活，我只要求我们一直恩爱、安稳就行。"

两个年轻人虽然日子过得并不富裕，但是举案齐眉，充实而幸福。在妻子的照顾下，巴菲特终于不用四处奔波，可以一整天呆在书房里，分析股票走势图和上市公司的财务报表。苏珊承担起了家庭的日常家务，巴菲特对家里的变化都一无所知。一次，巴菲特问苏珊："书房里的壁纸怎么换了图案？"

苏珊一时愣住了，她拍着巴菲特的肩膀，哭笑不得地说："亲爱的，我们的壁纸在去年圣诞节的时候就换过了。"

巴菲特对自己的生活状态十分满意，觉得自己已经在事业和爱情之间找到了平衡点。但实际上，巴菲特和苏珊两个人的性格爱好完全不同。比如巴菲特喜欢廉价的快餐文化，而苏珊喜欢高雅的法式餐厅。巴菲特将自己的全部精力都投向了金融事业，而苏珊则钟爱公共慈善事业。一个赚钱，一个散财。

但是巴菲特一直很支持妻子，他能为了妻子，穿上一身别扭的西服，到艺术咖啡馆品味牙买加咖啡。他还为妻子成立了一个慈善基金会，以妻子的名义来运作这个基金会，资助奥马哈大学中的少数民族族裔大学生。

在事业有成之后，巴菲特还想方设法满足苏珊的奇思妙想。少女时代的苏珊有一个梦想，想成为一个流行歌手。但是结婚之后，为了家庭苏珊放弃了这个梦想。巴菲特很理解妻子的想法，不停地鼓励妻子："一个人总会有些梦想，要是现在不疯狂，到老了的时候就会后悔终身，因为那时候已经没有力气实现梦想了。"

在巴菲特的鼓励下，已经40多岁的苏珊终于站在了绚丽的舞台上，纵情高歌。巴菲特评价妻子的歌喉："宛如天籁，听到她的歌声，宛如天使的声音。"在丈夫的鼓励下，苏珊不仅歌唱事业蒸蒸日上，而且还灌了一张唱片。

忙于事业的苏珊发现，自己无法再照顾巴菲特了，于是她做出了一个惊世骇俗的决定——和丈夫分居！在分居期间，苏

珊给丈夫介绍了一个女性，来照顾"那个长不大的大男孩"的饮食起居。这个名叫埃斯特拉达·曼克斯的女士，是苏珊常去的一个艺术咖啡厅的女招待。

于是，巴菲特的家庭出现了一个奇特的组合关系，苏珊是巴菲特和埃斯特拉达的红娘，三个人的关系十分融洽和谐。在每年圣诞节举行的家庭聚会请柬上，都联署三个人的名字。苏珊说："我们三个就是一个整体，如果说要我们分离的话，恐怕只有死神来临的时候。"

巴菲特也一直对苏珊情有独钟、呵护有加，后来，在苏珊逝世多年之后，他一直沉浸在对亡妻的思念和回忆之中。直到自己76岁的时候，才和埃斯特拉达举办了一个秘密婚礼。

巴菲特和埃斯特拉达是在巴菲特的女儿小苏珊家举办的简单婚礼，没有邀请客人，只有家人出席。埃斯特拉达没有披上洁白的婚纱，而是穿着休闲装参加了婚礼，沃伦·巴菲特则特意穿上了西服。当他把一枚白金戒指戴在了埃斯特拉达手上的时候，这个坚强的女人激动得泪流满面。没有鲜花和教堂神圣的婚礼钟声，有的只是身边亲友的祝福。这个简朴的婚礼，正是巴菲特想要的，一方面符合他的个性，另一方面也是对亡妻的纪念和尊重。

沃伦·巴菲特现在过着简单的生活，他认为这就是他一生都在寻找的生活节奏———一位贤惠的妻子、一辆半新不旧的车子、一幢老房子，这正是巴菲特梦寐以求的生活，他现在去公司的时间越来越少，而陪着家人的时间越来越多。

年岁已高的巴菲特戴上了助听器，视力也有些模糊，不过他还是一如既往地乐观："有些东西看不清楚了，也听不见了，但是，可以想得更清楚了。"

他仍然是个精力充沛的老人，只是面对剩下的时光，他未免流露出一些伤感，因为按照他的人生规划，自己还有很多事情没有做。他想认识更多的朋友，掌握更多的知识，尝试更新的事物。这些都不是什么冠冕堂皇的规划，而是巴菲特最真实的想法。

"我的一生都是在滚雪球，幸运的是我找到了适合滚雪球的冰川山谷，当很多人还在歧路上徘徊的时候，我已经和朋友们结伴而行，雪球也越滚越大。我说的不仅仅是财富，也包括人生的视野和境界。我很珍惜现在拥有的一切，因为我们知道，每个人都不会重新回到那个冰川山顶，重新滚一次雪球。"

巴菲特也习惯于往前看，从不回望来时的路，对先前的艰辛创业历程往往闭口不谈。不过也有例外的时候，就是提到他的爱人苏珊，他总是有说不完的话。

巴菲特回忆起亡妻的时候，曾经动情地说："是她让我成为一个真正的男人，我今天的一切都和她有关，甚至她觉得不能陪伴我的时候，连伴侣都为我找好了。这是一个多么伟大的女人啊！"

中国的古语有云"鱼和熊掌不可兼得"，但是巴菲特却幸运地在事业和爱情两个方面，收获了沉甸甸的果实。

第二节　金钥匙和金匕首

> 要知道你打扑克牌时，总有一个人会倒
> 霉，如果你看看四周看不出谁要倒霉，那就
> 是你自己了。
>
> ——巴菲特

巴菲特的小儿子彼得·巴菲特是美国著名的音乐人，曾经获得过美国音乐的最高奖项——格莱美奖。

一次，彼得·巴菲特要筹备一个自己创作的音乐剧，他将这次创作看作是自己音乐之路的一次完美总结。但是在筹备的时候，资金有些紧张，彼得只好硬着头皮找自己的父亲，因为他知道，父亲对自己的要求很严格，零花钱都给得很少，彼得成年之后，巴菲特就没给过他一分钱。

"爸爸，我有一件事，需要您的帮忙。"彼得·巴菲特鼓足勇气，敲开了父亲办公室的门，因为父亲曾经和自己说过，要吃饭就回家去，要帮助就到办公室，一切都公事公办。

"坐吧彼得，有什么事情吗？"巴菲特在宽大的办公桌后，看了看彼得。

彼得感到有些不自然，父子间的谈话竟然如此例行公

事。但是现实的困境只好让他硬着头皮说："我想做一些事情，因为年纪也不小了，不能整天荒废光阴，所以我想做一场音乐剧，把我这几年的音乐储备全用进去。"

"这是好事啊，孩子，我真为你高兴。"巴菲特觉得彼得走上了和自己完全不同的道路，却能取得这样的成就，他觉得很欣慰。

"可是，现在资金遇到些问题，我的推广人和赞助商都和我说，这么点小钱，和你的父亲说一声不就行了，何必弄得如此紧张？"彼得试探着问父亲，心里十分忐忑。

"需要多少？"

"5万美元吧。"彼得想要将音乐剧做得尽善尽美，所以成本很高。

"我给你5000美元，剩下的，你自己想办法去吧。"巴菲特低头开了张支票。

小彼得面露难色，他觉得自己的父亲过于吝啬，一个亿万富翁竟然一毛不拔，这样出去会让同行耻笑。

巴菲特看出了儿子的心事，他用铅笔敲了敲桌子，然后郑重其事地说："彼得，你是不是觉得爸爸对你过于严厉了，区区5万美元还不舍得给你？"巴菲特停顿了一下，注视着小彼得，然后接着说："都说你是富二代，是含着金钥匙出生的一代人，可是你知道吗？如果你不靠着自己的努力，而是靠着家里的帮助，那么你将来得到的就不是金钥匙，而是背后插着的一把金匕首！"

的确，彼得这样的富二代也有自己的苦恼，因为在世人看来，富二代衣食无忧，而且自己的父辈往往名誉不佳，大家都认为他们的创业历程充满了欺骗和剥削，所以很多富二代走向了放纵和堕落的道路。俗话说得好：寒门出孝子，纨绔少伟男。

巴菲特的教子方式很独特，他将自己财产的99%都捐给了基金会，而没有留给儿女多少财产。有些阴谋论者认为，这不过是巴菲特的一种高明的公关策略，这样做的话能为子孙后代留下一个好名声，真实的原因是美国的遗产税过高，富豪们即使不能在有生之年散尽家产，也不会在百年之后给子孙留下多少财产。

这些分析都有些道理，但是巴菲特真正的用意是，富二代的所谓财富，并不是账面上的金钱数字，更不是与生俱来的财产符号，而应该是父辈艰辛创业的经验和努力。如果一个富二代只是继承家族已有的财富和社会成就，却没有自己艰苦的创业经历，就很难体会到父辈的创业艰辛，往往会在人生的道路上迷失自己，或者过着纸醉金迷的生活，用炫富的方式过着畸形的生活。

"富二代"真正的财富，不应是与生俱来的富贵，而应是父辈致富的经验和信心。简单地直接继承家族已有的物质成就，没有属于自己的创业历程，绝难体会到父辈奋斗后的成就感。而且在迷失中，往往会走上依靠炫富来强调已有成就感的歧路。

彼得·巴菲特后来体会到父亲的良苦用心，他是要自己通过努力获得成功，这样更能体会到成功的价值和快乐，这也是一种爱和尊重。

中国有个教子故事，和巴菲特的良苦用心有着异曲同工之妙。一个财主临终前，将两个败家的儿子叫到自己面前，留下了临终遗言："家里的田地埋着一箱珠宝，将来你们穷困潦倒的时候，也不要卖祖产，可以到地里去挖出珠宝，算是我给你们留下的最后财富。"

后来，没过多久，两个懒惰的儿子就把家产败坏一空，只好按照父亲的遗嘱去挖掘珠宝，但是将田地挖掘一遍也没找到什么珠宝。他们在失望之余，为了对得起自己的劳动，在松软的土地上种上庄稼。秋后收获了粮食，两个人又过上了富裕的生活。

两个儿子终于明白了父亲的良苦用心——不靠天不靠地，流自己的汗，争自己的气，这才是人生的真谛。

巴菲特的小儿子彼得，终于靠着自己的努力获得了巨大的成功，他可以自豪地对父亲说："我没有金匕首，也没有金钥匙，但是我找到了获得自立和自尊的方法。"

第三节 股神的遗产

> 艰辛的创业历程或许是人的一生中最伟大的财富。
>
> ——巴菲特

巴菲特一共有三个子女，他们虽然没有取得父亲一样的成就，但是继承了巴菲特的诸多优良品质。他们和父亲一样，坦率而质朴，信奉诚实友爱的处事法则，认为宽容和谐是世界的主旋律，而以慈善的方式回馈世界是人生的真谛所在。

巴菲特的大女儿小苏珊是一家针织品商店的女老板。大儿子霍华德是一个普通的农场主，50多岁了还亲自到田野里干活，朴实得好像是田野里的麦穗。而小儿子彼得是一名出色的音乐人。

巴菲特对自己的儿女都很满意，虽然没有一个人继承自己的衣钵，但是每个人都是正直善良的好人，这就足够了，比所谓的功成名就更令父母心安。

巴菲特对自己的身后事，早做了交代，他将大部分的财产捐献给了比尔·盖茨基金会，而留给每个孩子10亿美元，巴菲特说："我并不是给他们一笔巨资让他们挥霍，这样只会毁了他们。我的本意是让他们将自己的爱心传递向四方。"

巴菲特在公众场合总是西装笔挺，衣冠楚楚，但是私下里，尤其是在孩子的眼里，他并不是什么名人、富翁，而是一个有趣的爸爸，自己也并不是和这个星球最富有的人一起生活，而是和一个充满智慧和生活情趣的老头生活在一起。

在巴菲特子女成年以后，巴菲特找来三个子女，非常严肃地交代了自己财富的去向。三个孩子第一次看到父亲如此严肃地和自己交谈，知道这是一次有深远意义的谈话。巴菲特坐在宽大的椅子里，招呼三个孩子在对面坐下："亲爱的孩子们，你们也知道，我有些钱，甚至可以论吨来计算。但是这些钱不过是些数字符号，如果你能有效地使用这些符号，那么你就会获得人生的幸福，如果你们不能把握这些财富，那么这些钱，不过是一些印着头像的废纸。"

巴菲特在一封写给子女的信中曾说："我想我很幸运，因为上帝赐给我了一笔巨额财富，而且这些财富还像滚雪球一样地不断增长，我想你们更幸运，也更不幸。幸运的是，你们从小就避免了贫穷和疾病的灾难，不幸的是，你们体会不到创业的艰辛和快乐，这种艰辛或许是人的一生中最伟大的财富。所以，你们要懂得感恩，用爱心来帮助身边的每一个人。"

巴菲特的子女也是这样按照父亲的要求做的。虽然慈善事业会耽误每个人自己的事业，但是，他们都乐此不疲。巴菲特的大儿子霍华德对农业和野生动物保护很感兴趣，他甚至在南非买下了一块土地，以保护濒临灭绝的印度豹。他投资研究抗旱型的玉米种植，以帮助更多的人改变贫困的面貌。

巴菲特的小儿子彼得钟爱音乐艺术，曾经为奥斯卡获奖影片《与狼共舞》配乐，取得了非凡的成就。在获得了父亲的巨额资金资助后，他决心帮助发展中国家的弱势群体，他发起了一个"拯救女孩"计划。他先后投入了近亿美元，帮助这些女孩远离早婚早育的命运，并帮助她们争取受教育的权利。

彼得认为，如果一个女孩获得了良好的教育和必要的生活保障，这样影响的就不仅仅是女孩一个人，而是一个家庭，甚至是这个家庭的后人。这可以说是一件功在千秋的好事。

巴菲特的女儿小苏珊，利用基金会的资金，在故乡奥马哈市成立了教育基金会，帮助那些贫困的中小学生，改善教育设施和学校的硬件建设，做一些实实在在的小事，比如，给这些贫困学生发一些困难补助，给他们添置一些保暖的衣物，让他们吃上一顿热气腾腾的有营养的午餐，等等。

面对外界的一片赞誉之声，巴菲特并没有沾沾自喜，他对教育孩子的方式有自己独特的心得："我喜欢让孩子自由发展，就像一棵棵自由伸展向天空的小树。如果你生活在这个世界上，对这个也不喜欢，对那个也不喜欢，那么在世界上，最后只剩下你这样性格的人，世界就会成为一成不变的死水一潭。再说，如果你认为只有你不存在偏见的话，本身就是一个充满偏见的见解。我不停地告诫我的孩子，宽容之心并不是与生俱来的美德，而是需要培养的优秀品质。"

巴菲特认为，作为一个富二代，最大的品德问题是，认为没有钱的人是天生的下等人，因为他们没有经历过艰辛创业的历程。所以他们相信自己获得的一切都是上天注定的，而不会从对方的立场和角度思考问题，这导致了他们拒绝承认一些显而易见的真理，比如众生平等，比如宽厚包容。

彼得·巴菲特后来回忆，他从父亲那里学习到一种重要的价值观——一个人需要一种积极的人生态度。

在很多人看来，所谓的人生态度实际上是一种自虐性质的工作态度，即使对一份工作并无兴趣，心生厌倦，仍然要拼命加班加点的工作。压抑自我，或者不问过程而只问结果的态度，并不是健康的人生态度。

彼得说："在父亲看来，所谓积极的人生态度，首先是发现自我内心的需要，聆听心灵的呼唤，只有这样，在工作中才能产生一种自我超越的神圣感，也不会因为工作中的艰辛，而产生厌倦和退缩的心理。"

彼得经常回忆起父亲给他讲过的一个故事：小时候，巴菲特希望自己成为有钱的富翁，一次生病住院，他在一张病历卡上写下了一长串的数字，护士很好奇，问他这是什么意思，巴菲特说，这是今后自己要赚钱的数额。但是后来，当他真的拥有了这些钱之后，发现金钱不过是数字而已，一个人义无反顾并心甘情愿地奋斗才是人生的真谛，而所谓的金钱，不过是努力的副产品。

或许，这个故事就是股神留给子女和世人最好的精神"遗产"。

Warren Buffett

第八章　成功的记事簿

■ 第一节　有了想法，马上去做

■ 第二节　从点滴做起

■ 第三节　"旧雪茄烟蒂"式的投资

Warren Buffett

第一节　有了想法，马上去做

> 有的人在犹豫和怀疑中动摇了最初的信念，有的人的信念永远是停留在头脑中的想法，而没有付诸行动。
>
> ——巴菲特

当小巴菲特在日记上写下人生的理想的时候，他没有空想成为百万富翁之后的奢侈生活，那样的生活并不是他追求的终极目标。他将自己的主要精力放到了如何实现目标上，巴菲特的名言是：有了想法，马上去做。

下面就是他一边上学，一边利用课余时间从事的商业活动。几乎每一年都有一次新的商业拓展，令人感到惊叹的是，巴菲特好像有用不完的精力。巴菲特一方面要完成课业，一方面要开辟新的商业领域。他的行动好像是快速拼接的蒙太奇镜头，让人目不暇接。

14岁，巴菲特买下了40亩的农场，成了名副其实的小农场主，不过他对耕种没有任何兴趣，这里到处荒草丛生，巴菲特并没有打算日出而作，日落而息。购买一个农场，不过让他有种在这个世界存在的安全感，自己也有一个归宿。他的投入是

「股神」巴菲特和他的财富王国

1200美元，几十年后，这项投资当然增值了上万倍。

15岁，巴菲特在一次理发的时候，发现等待的时间无聊透顶，于是他萌发了一个想法，如果这时候能来一个带劲的游戏该多酷。走出理发店，他马上去购买了一个二手弹子机，然后回来和老板商量："如果这个弹子机放置在理发店里，不仅能让顾客打发无聊的等待时光，而且还能招揽更多的年轻顾客，顺便也有些收益分成。"

巴菲特简明扼要的介绍，让人难以拒绝。于是，放置弹子机的第一天，巴菲特就赚取了15美元，3天之后，就赚回了弹子机的购买成本。30天后，巴菲特又购买了7台弹子机，开始了小小的连锁经营。每个月有至少300美元的收益。

16岁，由于要去外地上大学，巴菲特转让了自己的弹子机生意，得到了1200美元。从巴菲特坐在理发店里冒出一个经营的想法，然后马上走出理发店行动开始，这个想法已经为他赚取了近万美元。

17岁，巴菲特高中毕业，来到宾夕法尼亚大学沃顿商学院，但是他对枯燥的大学课程也毫无兴趣，他利用各种机会逃课到费城的金融交易所，并和自己的同学合伙买了一辆旧劳斯莱斯牌汽车，开始了旧车租赁生意，每天租赁的价格是35美元，而自己也有了近乎免费的交通工具，可谓一举两得。

18岁那年，巴菲特逃离了沃顿商学院，来到了内布拉斯加大学读书，在这里，他应聘为著名的《林肯》杂志的发行部主任，指挥着手下的报童，拓展城镇和乡村市场，周薪50美元。

巴菲特在放假期间也没闲着，暑假销售进口的英式衬衫，每天能赚8美元，寒假反季销售高尔夫球，四个假期就销售了近5000个高尔夫球，获利1000美元。

18岁，是一个男孩的成人礼，不过巴菲特在经济领域早已成人，早就接受过社会大潮的洗礼，等到大学毕业的时候，他已经是一个成熟干练的商人了。与此同时，他的学业成绩也都是A，成为内布拉斯加大学的一个传奇。

在毕业典礼上，巴菲特对着台下几千名同学和师长，腼腆地发表了毕业宣言："每个人都是一个传奇，如果他真的去做了的话。因为每一个人都有一个伟大的梦想，可惜，只有少数人能抵达最后的彼岸，因为有的人在犹豫和怀疑中动摇了最初的信念，有的人的信念永远是停留在头脑中的想法，而没有付诸行动。我的理解是，有了想法，马上去做！"

很多人说，巴菲特是幸运的，因为他赶上了一个到处是黄金机遇的好时代，有的人说，巴菲特不过是一个善于经营的投机分子，但实际上，巴菲特的成功哲学很简单，就是一个词——行动。

第二节　从点滴做起

> 成功的巅峰并不能一下子攀登顶峰，而
> 是需要一步一步，踏实向前。
>
> ——巴菲特

中国有句古训："合抱之木，生于毫末；九层之台，起于累土；千里之行，始于足下。"意思是任何一个成功的事业，都是从最细枝末节的积累开始的。

巴菲特在股市上真正的小试牛刀，是在11岁的时候，那时候，巴菲特已经通过阅读积累了丰富的金融股票知识，他最喜欢看两本书，《如何对证券进行分析》和《赚到1000美元的1000种方法》。不过一直呆在书房里静静地看书，并不符合小巴菲特的个性，他决心到华尔街的大风大浪里闯一闯。

他先是说服了自己的姐姐和自己共同出资200多美元，开始在华尔街股市里试水。经过一段时间的考察，他购买了6股奥马哈市政股票，因为巴菲特觉得资源型和公共性的投资是稳赚不赔的。当时购买的价格是每股38美元，但是很快，市政股票就下跌了近10美元。两个十几岁的孩子的抗压能力不强，姐姐首先沉不住气了，她埋怨小巴菲特挑选股票的技术实在是太

差劲了，于是，当市政股票终于上升到了40美元的时候，巴菲特就毫不犹豫地抛掉了手中的股票。

交易完成之后，去掉佣金费用，巴菲特一共赚取了5美元。对巴菲特而言，这是一次惊心动魄的经历，好像是坐翻滚过山车一样，虽然第一次入市经历还算利润可观，但是令巴菲特终身难忘的是，这只市政股票后来飙升到每股近300美元，巴菲特发现，如果自己能坚定信念，坚持持有这只股票，他就可以赚取更多的钱。

他在日记本上写下自己的志愿：要在30岁之前成为一名百万富翁，如果不能做到，他就要从美国最高的楼上跳下来。不过巴菲特身边的朋友并不这么看，认为这不过是一个年少轻狂的少年的青春狂想罢了。当周围的人对巴菲特的理想付之一笑的时候，巴菲特并不因此而松懈，而是踏实地一步一步向自己的梦想迈进。他打零工，送报纸，经营小游戏厅，投资股票，一点一点积累自己的人生体验和财富。

巴菲特认定，一个不被嘲笑的梦想是没有价值的。而成功的巅峰并不能一下子攀登顶峰，而是需要一步一步，踏实向前。

13岁那年，对于巴菲特来说有着特殊的意义，他谋到了一份正式差事，替《华盛顿邮报》做兼职投递员，经过一年的努力，他赚取了1000美元，并交纳了人生的第一笔税金。巴菲特特别自豪，因为纳税是一个男性成熟的标志，巴菲特13岁那年就做到了。但是自豪之余，巴菲特发现，自己需要研究美国的税收制度，因为这样可以合理避税。他发现如果自己的工作是自己提供交通工具的话，会抵销近40美元的税金。于是他在第一次纳税的同时，也生平第一次填报了申请免税的申请报告，他避税的金额，足够他买一辆新自行车，作为投递报纸的交通工具。

一年之后，巴菲特的投递事业已经蒸蒸日上了，他甚至兼职了5份报纸的投递工作，月薪达到了近200美元。

在为客户服务的过程中，巴菲特使用了很多小招数，令自己的工作变得高效而有序。比如，如果有客户对订阅的报纸不满意，巴菲特马上会推荐另外一家报纸给客户，这样，客户获得了新的信息，而自己还是保障了投递的客源。再比如，在二战期间，美国家庭的搬家率很高，如何掌握客户的实时动态就显得至关重要。于是巴菲特采用了标注的方式来提醒自己，如在客户的门外贴上便签，有的便签上写着"客户的预定已经到期，不必再送"，有的便签上写着"该客户需要续订"，这样巴菲特就能随时掌握客户的住房信息和订阅信息。

巴菲特发现，这种标签提示的方法有时也不奏效，因为这些古怪的标签总被客户或者顽皮的孩子揭走。巴菲特又想到了一个好办法，他相信办法总比问题多。他找到了每幢公寓的电梯管理员，免费提供报纸给这些善良的好心人，让他们在客户搬走的时候，提醒巴菲特去收取自己的投递费。

巴菲特自幼就培养了尊重事实，强调市场调查的好习惯，这种对信息资源的大量占有和调研，也让巴菲特成了千里眼和顺风耳，拥有了敏锐的洞察力和高瞻远瞩的决策力。这些为巴菲特后来登顶事业高峰提供了源源不断的动力。

第三节　"旧雪茄烟蒂"式的投资

只有在退潮的时候，你才知道谁在裸泳！

——巴菲特

都说投资就是一次冒险，在巴菲特数不清的投资里，并不是每一次冒险都能获得最好的回报。巴菲特将自己的经历称为"旧雪茄烟蒂"式的投资，他说："当你进行一次投资计划的时候，就像捡起一只一只旧雪茄香烟，你并不知道哪一只是一定会继续燃烧的。可是一旦下定决心，我们能做的就只能是祈祷了。"

1992年，巴菲特在伯克希尔公司的公司年会上说道："我的投资也不是百战百胜的，我今天的成功，或许就是源自于我尝试的次数多而已，而那些失败者，不过是失败一次就灰心丧气的人。比如在我20岁的时候，竟然鬼迷心窍地投资了我并不熟悉的石油行业，我一下子赔进去近20%的资本，后来我还是不死心，结果呢，我捡到的不过是一堆不能继续燃烧的旧雪茄香烟，前前后后加起来，我在这个该死的行业里，损失了差不多10亿美元。我的错误投资带来的唯一收获是，我明白了一个道理，以后不要去碰自己不熟悉的领域了。"

在投资失败后，巴菲特喜欢去阅读金融学方面的书籍，或者一头扎进图书馆，去翻阅那些枯燥的统计学历史资料。这不是什么生意失败之后转移注意力进行疗伤的方法，在巴菲特看来，自己的观念并没有错，错误的是对这个行业的历史并不了解，所以他要恶补一些专业知识。

在奥马哈市图书馆，巴菲特翻阅着一个个经济原始数据，掩饰不住内心的激动，他很快就忘了投资石油行业的不愉快经历，同时还发现了一些价值被严重低估的公司，比如无烟煤生产公司、玩具公司和市内电车服务公司等，巴菲特毫不犹豫地再次投资这些领域，他将这种廉价购进公司股票的方式称为"旧雪茄烟蒂"式的购进。

"没有人会购买雪茄烟蒂，因为那样并不会给你带来成功感，这些不起眼的东西只是别人忽略的一部分，但是在我看来，如果这些烟蒂能够继续燃烧，那么它们和新的雪茄又有什么区别呢？更何况，它们更便宜，成本几乎可以忽略不计。当然，找到那些能继续燃烧的烟蒂，是我要做的主要事情，这需要更多的投资经验和一点点的天才眼光。"

为了判断这些"烟蒂"是否能继续燃烧，巴菲特一页一页地阅读着各个公司的年报和公共事业手册，好像是一个文学爱好者捧读一本本世界名著。

"如果你真的没有自信，拿不准是否投资，怎么办？好像只有一个办法，就是将你刚才读的内容再读一遍。"巴菲特认为，选择一家优质公司没有什么秘诀，只能像自己一样，老老实实坐在那里阅读数据。

巴菲特将他的"旧雪茄烟蒂"式的投资理念，也应用在婚姻生活里。

他觉得婚姻生活并不是什么浪漫的求婚，也不是随时随地有出人意料的惊喜，婚姻不过是在寻常生活中，找到生活的点滴快乐，就像在旧雪茄烟蒂中发现能燃烧的那一只一样，充满了偶然性的惊喜。

巴菲特和妻子苏珊的婚姻，从一开始就过得平淡无奇，但是充满了巴菲特式的浪漫气息。苏珊是一个娇小柔弱的女孩，一头褐色的披肩长发，脸上总是洋溢着幸福快乐的微笑，是一个难得的贤妻良母，但是巴菲特最初不被苏珊的亲友看好，认为他是个邋遢的公子哥，不会在事业上有什么出息。

于是巴菲特想尽办法来证明自己是一个可以燃烧的"烟蒂"，而不是一无是处的垃圾。

巴菲特带着新婚妻子开始了准蜜月旅行，和一般的旅行不一样，他们并没有到风景名胜之地去看海望山，而是选择了一个文化场所。他们先是参观了加利福尼亚大学的聋哑学校，因为苏珊的外祖父和外祖母都有些耳聋，巴菲特特意和妻子来到这里，学习哑语，他们要亲"口"告诉苏珊最爱的长辈，他们现在是如此的幸福。

苏珊感动极了，她明白巴菲特的意思：我们的生命来自于

长辈，他们有权利和我们分享这一刻的幸福。苏珊觉得，这个外表看起来粗犷的大个子，是个心思细腻的人。

就在他们准备赶到长老会教堂参加结婚仪式的时候，奥马哈市突然爆发了百年不遇的大洪水，作为国民警卫队预备役的巴菲特下士，毫不犹豫地脱下西服，参加了一上午的抗洪抢险，当疲惫不堪的巴菲特下午赶来参加婚礼的时候，他对苏珊小声说：“亲爱的，这是最好的天气，因为大洪水来了，来吧，我们的诺亚方舟也要扬帆起航了。”

苏珊的心情本来十分沮丧，认为一场好端端的婚礼被洪水冲泡汤了，但是望着眼前挺拔而幽默的巴菲特，她的心里涌上了暖暖的爱意，她紧紧地握住了巴菲特的手，巴菲特一把拉住了苏珊，两个人紧紧地拥抱在一起，他在苏珊的耳边做了一个承诺：“我要做一个能继续燃烧的雪茄烟蒂！”

Warren Buffett

第九章　成功是减法

■ 第一节　别理会乌鸦的聒噪

■ 第二节　将幸运永远传递

■ 第三节　规避潜在的风险

■ 第四节　核爆炸和人口战争

Warren Buffett

第一节　别理会乌鸦的聒噪

别人赞成也罢，反对也罢，都不应该成为你做对事或做错事的理由。

——巴菲特

巴菲特被誉为世界金融市场的"股神"，他持有的股票信息，往往成为无数崇拜者追捧的对象。而他抛出的选股视角，也会立刻成为投资者的金科玉律。其实，巴菲特的投资奥秘，总结起来无外乎两条，一是长期持有一只股票，二是不理会市场反应。

其实这两个投资法则是一条——坚持己见，不被任何外在因素所左右。

巴菲特在投资的时候，并不像其他的投资者那样，认为自己仅仅是个资金的提供者，他一开始就没有将自己置身度外，把自己仅仅看作是一个客观的市场分析师，而是将自己看作是这个企业的经营者，和这个企业同呼吸共命运。

巴菲特说："选股票就像选女友一样，不能抱着玩一玩的心态，而应该是长线投资的心态，在选择之前，就要充分地了解这个公司的现状和将来的成长预期，一旦决定，就要和她长

相厮守。"

对于金融市场上被普遍采用的短线操作，巴菲特认为这是一种得不偿失的金融投资模式，如果一开始就不打算长期持有，为什么还要购入呢？如果一个投资者采用频繁操作的战术，最后获利的永远只会是股市的管理机构。

巴菲特在哈佛商学院演讲的时候，对着台下未来的华尔街精英说："如果你们只是想通过短线抛吸获利的话，那你还不如去做海盗，这个世界只有这条途径才会迅速致富。我更欣赏的态度是做一个老老实实的农民，从来不打算播种的第二天就收获，而是在春天播撒一颗种子，然后在秋天去收获一地的金黄。财富就装在手中的潘多拉盒子里面，要控制自己打开它的欲望。如果你坚持住了，神灵会护佑你得到你想要的一切。"

巴菲特对没有耐心长期持有股票的朋友，提出一个建议，买下一只股票的时候，就假设股市已经关闭了，五年甚至十年之后才重新开启。这样就会等到股市重启的那一刻，你的耐心，有时候就是财富的一部分。

巴菲特曾经在40年前，以1000万美元的价格购进了《华盛顿邮报》的股票，到2000年的时候，巴菲特手中的股票已经飙升至10亿美元。30年的时间内，这只股票为巴菲特带来了近百倍的收益回报。尽管几十年来美国股市浮浮沉沉，历经了翻滚过山车式的飙升和下跌，但巴菲特始终不为所动，人们都说巴菲特看得准，守得住。当然，长线投资的理念为巴菲特带来了巨额的财富。

巴菲特法则的第二条，实际上是第一点的延伸，巴菲特告诉投资者，不要被形形色色的市场信息所左右，如果你对自己的投资选择没有信心，也意味着你对自己没有信心，这样无论你做什么事，都会犹豫不决，最终的结局只能是眼睁睁看着机会从你的身边溜走，而你只会在一次次的选择中，错失最好的机会。

现实生活中，实际上很难做到对市场波动毫不心动，因为各式各样的经济学者和股票分析师会在各大媒体展开唇枪舌剑，不管他们的理由多么诱人，论据看起来多么充分，目的只有一个，他们代表的是券商和证券交易所的利益，以一些冠冕堂皇的理由来引诱投资者购买特定的股票，无论你是否选择他们推荐的股票，只要你"进场"购买了，他们就会赚取相应的佣金和手续费，这是个只赚不赔的买卖，可惜很多散户并不能明白其中的道理，还是在这些狡黠的投资掮客的指挥棒下翩翩起舞，而不知道在他们前面或许就是陷阱，甚至是万丈深渊。

巴菲特信奉著名的凯恩斯理论，这种经济进化论认为，世界的经济会进入高速发展的快车道，而股市也会随着经济快车的发展，股市指数会不断上升。所以，巴菲特被称为股市中的乐观主义者。

巴菲特认为，既然经济形势必然是光明灿烂的，我们投资者就不必犹疑不决，跳来跳去，能做的事情只有一个——耐心等待。剩下的，交给时间就可以了。

巴菲特说："当你信心满满地在股市中频繁转手股票的时

候，并不能获得证券分析师先前承诺的利润，那些利润只会源源不断地流入证券管理者的腰包，他们会鼓励散户短线操作，因为这正是他们喜欢的模式，一种赌场的抽红模式。如果你是一个意志坚定的人，就不要理会枝丫上的乌鸦聒噪。"

第二节　将幸运永远传递

> 忘掉人生的起点，这样做很难，但是很重要。
>
> ——巴菲特

巴菲特认为自己非常幸运，在母亲腹中时就中了一个超级彩票——出生在一个富裕的家庭，有疼爱自己的父母。更重要的是，自己生活在一个有着充分自由的市场经济国度里，这一切都是可遇而不可求的奇迹。

所以巴菲特愿意将这种在母亲腹中带来的幸运，传递给这个世界的60亿大众。他发现自己的理想和比尔·盖茨基金会的理念非常接近，他们都相信每个生命都生而平等，无论性别种族，无论宗教信仰，都有平等的价值。所以他们决心致力于改善人们的健康生活和教育方式。

巴菲特的捐赠活动在世界范围内引起了巨大的反响。一个

5岁的小男孩将自己积攒的10美元交给了比尔·盖茨基金会，中国富豪李嘉诚也宣布，将自己财富的1/3捐给基金会。

巴菲特掀起的全部财产捐赠风潮，随之带来的是基金会救助方式的变革，他们一方面实施传统的零散救助方案，在宣布将大量资金投放到盖茨基金会后，巴菲特办公室一下子收到了3000多封邮件，都是需要帮助的人们发来的邮件，每天还有大量的新增邮件寄来。

这些生活在底层的人们，要求资助的理由千奇百怪，但是往往能打动巴菲特的心，他们中有的没有生活医疗保险，靠着最低生活保障活命，有的遭遇重大的人生变故，有的得了绝症，需要特别的救治。

甚至还有很多无知少女写信给巴菲特，抱怨自己的男友在得知自己怀孕之后，往往一走了之。显然，他们把巴菲特的办公室当成了美国政府的民政部门；显然，他们的人生并没有赢得巴菲特说的"超级彩票"。

沃伦·巴菲特把这些信转交给姐姐多丽丝。十年来，她的阳光女士基金会得益于父亲霍华德·巴菲特的信托收益，帮助了几千名家庭暴力的受害者、生活贫困的人们和面临危机的家庭。他把那些信件转交给姐姐的时候，还拿出了500万美元资助她的工作。

多丽丝基金会将人们目前急需解决的困境进行分类，然后由几位上了年纪的女士来帮助自己筛选信件，多丽丝认为，只有上了年纪的女性，才是这个星球最富于同情心的群体，她们

往往能敏锐地发现，谁更需要救助。而且，多丽丝基金会的救助原则是"帮助那些不幸的人，而不是帮助那些总是做出错误选择的人"。多丽丝认为，那些游手好闲、好吃懒做的人，应该由政府部门统一管理。

多丽丝基金会总会遇到一些奇怪的要求：有人要求替他们还赌债，甚至有人要求为自己购买毒品。每当这个时候，多丽丝只会提供一些法律援助和就业信息咨询，她认为那些陷入信用卡还贷危机的人，应该反省一下自己的人生选择，如果总是为他们提供资金的帮助，不仅不会帮到他们，反而会让他们觉得金钱来得太容易，会走上堕落的道路。

另外，多丽丝从来不认为慈善基金会就是给钱完事的机构，她在每次捐助的时候，都会附带上一个小小的要求，要求被资助者能写封感谢信，以获得人的独立和尊严。因为这个世界不会有谁有义务免费帮助你，如果被捐助者能成为捐助别人的人，这个世界才会更加美好和谐。

第三节　规避潜在的风险

　　　　　如果你学会了放弃一些东西，你就一定
会得到更多的东西。

　　　　　　　　　　　　　　　　——巴菲特

　　巴菲特有一条独特的人生哲学："一个人的成就，主要源自于他在做什么. 但从另一个角度讲，他不做什么更为重要。"他的公司信奉有所为有所不为的商业哲学。比如他的公司不参与任何违法的私下交易，不参与任何恶意的收购计划，从来不和竞争对手比谁的嗓门高，也不会散布竞争对手的谣言。

　　在巴菲特看来，这个世界上最重要的并不是冒险激进地挣钱，而是采用最保险的方式规避风险。巴菲特对自己的员工说："我们要做的并不是好大喜功，更不是掌握什么毫无实际用处的屠龙之技，而是尽可能地规避潜在的危险。"

　　巴菲特虽然是一个基金的投资者，但是他使自己远离华尔街的尘嚣，从来不参与所谓的资本运作。对自己是不是世界首富也不介意，他在一次演讲中说："比尔·盖茨的确是世界首富，不过那些无聊的统计者似乎犯了一个错误，比尔的身家中多了一项统计，他们把比尔自己的家产也计算在内了。他们还忘了统计一项数据，就是看看这些首富的负债率。"

实际上，巴菲特的几百亿美元身家，都是实打实的资本投资，并没有计算所谓的不动产，更没有计算负债率，这个富可敌国的富豪，负债表的数字是零。

在巴菲特的生命中，仅有一次负债记录。那是在1971年，巴菲特有了一次7万美元的抵押贷款。这是位于加利福尼亚州拉古娜海滩上的别墅，这处房产当时估价为15万美元，到今天已经增值10倍以上。巴菲特对负债率的理解很独特："负债并不是什么好事，因为它们超越了资本的安全边界。"

巴菲特说："我住的房子已经有40多年的历史了，我不舍得出售它，因为这是我一段生命的记忆，虽然是一件不愉快的记忆，为了这幢房子，我一生中唯一一次举债度日，不过从另一个角度讲也是好事，这件事使我更坚定了自己的看法：千万不要借钱。"

巴菲特一共买了5处房产，只是这些房产和巴菲特手中的股票一样，一旦拥有，就不出售。

巴菲特对那些钟爱投资的人，发出了两条忠告：第一件事，千万不要借钱；第二件事，千万不要忘记第一条。

很多巴菲特的崇拜者，仿照巴菲特的语气，制作了两条伯克希尔法则：第一件事，千万不要放弃你手中的伯克希尔公司股票；第二件事，千万不要忘记第一条。

巴菲特创造的价值投资法则，使他声名鹊起，他成为了美国的资本英雄，他的事迹也成为了一段传奇神话。

巴菲特和朋友们开玩笑："如果有一天我展翅飞向天堂的时候，也不会忘记给公司打个电话，告诉你们天堂里是不是有适合投资的公司和股票。"

第四节　核爆炸和人口战争

> 如果我们不关注人口爆炸和核爆炸，那么这个世界的结果只会是爆炸。
>
> ——巴菲特

和别的富豪基金会不同，巴菲特并没有将慈善的中心放在扶贫济困上，而是选择了两个奇怪的命题——关注人口大爆炸问题，关注核爆炸和不扩散问题。

巴菲特有自己独特的逻辑："核战争是人类未来最大的威胁，因为这样的战争几乎是不可避免的，我们就像是希绪弗斯神话那样，做些绝望的努力，也不管这种努力是否徒劳。所以我们必须将这种威胁转化为一种福利，将核弹头变成核动力。"

在巴菲特眼中，与核爆炸威胁一样重要的是人口问题。

一个叫保罗·埃利斯的学者提出了人口大爆炸学说，认为人口的无序增长，会带来全球性的饥荒危机。人类生活的蓝色星球已经严重超载，资源减少和人口过剩已经成为一对不可调和的矛盾。

巴菲特从安全生产的角度来理解人口爆炸问题，认为保罗的学说根本不算什么盛世危言，而是一种不可避免的危机。

巴菲特在一次大学演讲的时候，动情地说："蓝色的地球是我们共同的家园，她美丽而脆弱，现在我们的家园已经超出了马尔萨斯和保罗等有良知的学者的想象，我们不再是这个世界的唯一主宰，因为我们的骄傲和无知，会带来自身的毁灭。除非你有一艘宇宙飞船，不然的话，我们都需要聆听我们家园的叹息。"

巴菲特原来坚决反对妇女避孕和堕胎，但是后来他转变了这种思想。从上个世纪70年代开始，巴菲特开始为妇女争取避孕和堕胎的权利而奔走呼告。这点上，他和自己的妻子苏珊的观点极为相近。他们旗帜鲜明地支持加利福尼亚州贝勒斯案件的当事人，该案件在美国历史上具有里程碑式的意义，法庭的裁决终于让美国女性争取到了堕胎的合法性。巴菲特当时成为了年轻妇女的偶像，当然他为女性所做的努力也得罪了一些保守势力。

1987年，巴菲特阅读了美国学者加勒特·哈丁《平民的悲剧》，巴菲特被哈丁深邃的学术思想打动了，哈丁认为空气、海洋和水等都是人类共有的资源，这些资源珍贵而不可再生，而骄傲愚蠢的现代人却毫无节制地索取，造成了环境污染和气

候变暖。

巴菲特十分赞同哈丁的主要观点，但是他并不赞同哈丁提出的解决问题方案，因为哈丁的解决问题思想有些纳粹倾向，哈丁作为"人口控制"运动的倡议人，认为富于专制思想的优生学理论是解决人口问题的最佳方案。

巴菲特并不赞同这种"希特勒式"的人口选择理论，巴菲特认为："世界上的斯巴达式的英雄是不存在的，而且普通人也有生存和发展的权利和需要。如果人真的可以通过选择性的育种抛弃软弱和各种性格缺陷，从而提高人口质量，那么也只是一种专制的幸福，而不是民主的烦恼。"

10年之后，巴菲特的思想又发生了变化，他从所谓的人口控制，转向了人的权利，这种权利并不能从控制人口数量开始，而应该提高人口的质量。每个人都有自己繁衍的权力，可以选择避孕和堕胎，也可以选择生育和繁衍。巴菲特把生育的过程定义为"卵巢彩票"。

在一次"财富和责任"的全球论坛上，巴菲特向世人分享了自己的心得："我觉得我的生命本身就是一种奇迹。虽然出生在经济危机的30年代，但是值得庆幸的是，我生活在一个美国的富裕家庭。这种概率简直是千万分之一。坦率地说，我在母亲的子宫里甚至卵巢里，就成了一个幸运儿，中了人生的头奖。我的名字就叫卵巢彩票。"

从此，幽默的"卵巢彩票"就成了巴菲特的新绰号，正是这种自由平等的思想，使得巴菲特的慈善事业的核心转变为帮

助失败者获得成功的权利。

　　巴菲特是一个不断追求自由平等和灵魂超越的人，他见过经济危机中时局的动荡，也见过专制时代的信息欺瞒，在巴菲特年近古稀的时候，终于想通了一件事：人口战争中的卵巢彩票，并不仅仅意味着幸运和坐享其成，而是意味着一种选择，如果你能抱着自己是生命奇迹的梦想，你就会拥有积极的选择的自由。

Warren Buffett

第十章　直面现实的勇气

■ 第一节　巴菲特也会错

■ 第二节　简单的就是最好的

■ 第三节　商场如剧场

■ 第四节　巴特勒法则

Warren Buffett

第一节　巴菲特也会错

失败就是失败，没有什么好解释的。

——巴菲特

巴菲特在投资市场看似无往而不利，实际上人们只是看到了他各种成功的案例，而一些失败的教训则被掩盖起来了。对此，巴菲特深有感触地说："失败就是失败，没有什么好解释的。"

通用再保险公司的投资失利，就是一个很好的案例。

令人不可思议的事情是，尽管巴菲特在业界素来以维护股东的利益著称，但是面对万千的追随者，他和他旗下的公司却从来不进行所谓的盈利培训，并对传媒中所谓的专家指导意见嗤之以鼻，认为那是江湖上骗钱的小把戏而已，所以，巴菲特从来不进行所谓的盈利指导。

巴菲特总是拿着自己失败的案例向追随者说："要知道，我也会错。"

1998年，巴菲特以220亿美元的天价，收购了通用再保险公司，这个公司的服务范围通俗地说，就是为保险公司承担保险的公司。

和创造世界名牌的人

一起放飞梦想

　　巴菲特好像特别中意保险业，因为他旗下的伯克希尔公司就是以再投资起家的。但是事物总有两面性，虽然巴菲特通过收购伯克希尔公司获得了大量的现金流，资金增长了近三倍，但是巴菲特认为这些资金并不是什么财富，而是每天都在贬值的巨大负担。当时，他在给股东的信中说："我们的账面盈余看起来很多，但实际上，这都是未知的财富，我们只能祈祷这几年没有重大的灾难发生。而这一切，只有上帝知道。"

　　但是这一切，在2001年9月11日都变成了现实，巴菲特一语成谶，恐怖袭击虽然没有给伯克希尔公司造成直接的影响，但是却重创了美国的保险业，巴菲特或许能控制人为的投资，但是对天灾却无能为力。巴菲特也哀叹："我犯了一个重大的错误，我总是认为这些困境都在我的掌控之中，但是这一次我的竞争对手却是上帝，这几乎是没有任何翻盘机会的抗争。在为这些保险公司投保的时候，并没有采取相应的安全措施，所以，错误找上了门。"

　　"9·11事件"给伯克希尔公司带来了巨大的损失，而直接的保额赔付达到了24亿美元，使得母公司的利润下降了15亿美元。

　　巴菲特经过多方努力，公司的业务终于走上了正轨，但是正当巴菲特以为最糟的时刻已经过去了的时候，没想到更大的灾难还没有到来。

　　2005年，著名的"卡特里娜"飓风横扫美国大陆，将整个新奥尔良城都给吞没了，俗话说水火无情，这次飓风事件又给伯克希尔公司带来了近40亿美元的损失。

巴菲特在股东大会上，非常严肃地展开了自我批评："我的错误，在于我进入了一个无法掌控的世界，我竟然试图和天气与意外对赌，这是上帝掌管的领域，我对此一无所知，我们看到了结局，但是我清楚地记得四年前我曾在这里信誓旦旦地加强风险预警。现在看来，我做得远远不够。"

但巴菲特似乎并没有从失败中汲取教训，巴菲特又对未知的领域展开了投资。他以7亿美元的价格收购了一家网际喷气航空公司。这是一家飞机租赁业务公司，主要提供私人的包机服务。

巴菲特对航空领域并不熟悉，所以没过多久，他就发现自己陷入了一个怪圈——增加航线的话，就需要更多的飞机来运营，但这样会增加更多的成本。如果增加客户的话，就需要增加飞机的服务次数，也会增加成本。

所以，巴菲特的这次投资，也和上次的再保险行业一样，陷入运营失败的怪圈。巴菲特后来总结说："投资其实没什么秘密，就是做熟悉的行业，和熟悉的人打交道，但是，我没有谨记这条法则，所以我的失败是再自然不过的事情了。"

巴菲特也会失败。而且是连续三次失败。但从另一个角度讲，我们应该允许自己失败，重要的是，如何从失败中吸取教训，重新上路。

第二节　简单的就是最好的

小的就是美的，简单的就是好的。

——巴菲特

巴菲特的处事法则是简单、直接。他的名言是："最好的投资就是投向那些看起来简单无比的公司。"

在巴菲特投资的公司中，没有一个是高科技公司，也没有一家是从事科研开发的企业，都是一些传统工业的代表，比如可口可乐公司。可口可乐公司的企业格言是："公司不生产所谓的饮料，我们只出售浓缩糖浆和可口可乐文化，让那些获得授权的批发商和灌装厂商生产饮料。"巴菲特的投资法则很简单，就是选取一个传统行业的企业，然后长期持有。对那些扩张迅速且变化很快的企业，巴菲特没有丝毫的兴趣。

巴菲特不仅在投资方面固执己见，而且在用人方面也是一个怀旧的老板，他雇佣员工最大的原则是用人不疑、疑人不用，他的伯克希尔公司很少有员工主动辞职，或者被动被炒鱿鱼。

巴菲特本人也是几十年如一日过着简单的生活，他使用的物品也极为简单，一件旧西服，一辆旧汽车，都是使用了20多

年的老物件。

1999年末，巴菲特为了给一家孤儿院捐助善款，拍卖了自己的一个旧钱包，在拍卖会上，巴菲特面对台下几百名好奇的观众，打开了这个钱包："我知道，大家都很好奇，我这个奇怪的老头钱包里到底装的是什么，现在大家就能满足这个好奇心了。"巴菲特从裤子后面的兜里掏出了随身携带的旧钱包，当场打开，大家睁大了好奇的眼睛，都想看看这个全世界最有趣的老人，钱包里到底装了多少钱。没想到，里边只有800美元的现金。巴菲特双手一摊："不好意思，本来平常我都装着1000美元，不过，今天来的时候我请一家人吃了顿饭，所以只剩下这些了。"

巴菲特就是这么坦率而幽默。他并不看重自己的得失，他喜欢将自己的收益和公司的收益联系在一起，在公司内部，虽然自己是公司的掌舵人，但工资20多年没有增长，只有区区10万美元，在世界财富500强企业中，巴菲特的成就最大，但是工资最低。按照常理，巴菲特将自己的工资定为每年千万美元级别，内部也会毫无疑义，因为在伯克希尔公司的几十年经历中，巴菲特已经是美国商业史上在任时间最长的一位总裁。

这正是巴菲特的高明之处，一个伟大的投资者，随身竟只携带着几百美元，和公司最低级的员工一样，穿着牛仔裤，喝着可口可乐，吃着快餐汉堡，巴菲特在用行动告诉公司的员工：我不是一个特殊的领导者，我是和你们一样的普通员工，不过是和大家一样的公司合伙人，是最高级的打工者。的确如

此，巴菲特没有树立什么纪念碑，没有建造高耸入云的巴菲特大厦。

每年例行的伯克希尔公司股东年会也非常特别。来自世界各地的股东几万人，每年春天，这些快乐的投资者就会朝圣般涌向奥马哈。巴菲特这时候就会成为全场瞩目的焦点，他亲自走上前台，但是演讲的内容也极为特别，他经常撇开公司的主营业务，而是开各种荤素玩笑，然后用几天的时间来回答来自世界各地的各种稀奇古怪的提问。不像是一次股东大会，倒像是巴菲特个人的脱口秀表演。

巴菲特的开场白往往对自己进行一番自我调侃："我和大家不同，你们都是有身份的伟大的伯克希尔的股东，我不过是公司的一个打工者，你们都有豪宅豪车，我只是一个蜗居在奥马哈贫民窟的一个老头儿。"

尽管有人指出巴菲特最擅长的是表演秀，表现自己是一个贫穷的投资者，不过，他的这一招儿极为奏效，这时候往往全场爆发出善意的笑声。

不过巴菲特在商界是出了名的吝啬，比如他一直说自己不需要打字机，以至于IBM打字机的推销员上门推销了十几次，巴菲特却一直摇头，觉得这种推销无异于从人的口袋里抢钱。最后，他也没有买所谓的豪华型的打字机，而是花了不到300美元，给公司买了一个基本型的打字机。

巴菲特有一个名扬四海的嗜好——酷爱可口可乐饮料，后来干脆投资于这家公司，在自己的车库门口，往往堆着50箱左

右的可口可乐饮料，这些都是他从大超市用折扣价买来的，他很少在饭店点可口可乐，因为那样的话他要多花20美分。

巴菲特说："自己动手搬运，这是多么简单的劳动啊。要知道，简单的就是最好的。"

第三节　商场如剧场

商场带给我斗志，而剧场带给我自由。

——巴菲特

1985年，对于巴菲特来说，是个具有特殊意义的年份，这一年，巴菲特将手中的通用食品公司的股票卖给了著名的菲利普公司，一下子进账3亿多美元。著名财富杂志《福布斯》也第一次将关注的目光投向了巴菲特，这位55岁就上榜的新锐富豪，成为了美国金融市场的新宠。

在巴菲特控股的伯克希尔·哈撒韦公司刚刚上市的时候，股票的价格只有7.5美元，但是现在这只股票已经成了黄金股，如果你在这只股票刚入市的时候购买，并一直持有的话，你的投资已经升值了近300倍。现在这只股票的价值飙升到了2000美元！

巴菲特并没有因为春风得意而丧失理智，他觉得登不登上

富豪榜，都是无所谓的事情，因为那样仅仅能够吸引大众的目光，对自己公司的发展也仅仅是宣传上的作用，和自己并没有多大的关系，自己还是那个穿着牛仔裤、爱喝可乐、爱吃汉堡的美国佬。他也没有听从华尔街精英的忠告，将自己的公司拆分成多个子公司。在巴菲特看来，自己的公司不过是一个松散的组织，有些类似于俱乐部和沙龙的性质。

随着伯克希尔·哈撒韦公司受关注度的提升，巴菲特也声誉日隆，俨然成为金融界的明星级人物。每次他出席活动，镁光灯总是聚焦在巴菲特的身上。尤其是巴菲特收购了美国广播公司之后，随着现代化传媒的介入，巴菲特更成为电波和大屏幕的宠儿。

巴菲特惊讶地发现，自己已经从一个创业者变成了娱乐明星。这根本不是他的本意。他不喜欢个人出风头，但是这一切，在一次聚会上彻底发生了转变。

一次，巴菲特参加了一个好朋友墨菲的朋友聚会，在酒桌上他结识了好莱坞著名的肥皂剧编剧阿涅斯·尼克逊。阿涅斯发现巴菲特长着一张富有独特气质的脸，适合扮演一个有神经质气质的角色。于是他凑到了巴菲特的身旁，对巴菲特举杯致意："巴菲特先生，不知道您能不能答应我一件事，在我的新剧里扮演一个角色。"

巴菲特先是一愣，然后马上想起自己是美国广播公司的股东，这个编剧的说法不像是开玩笑，或许自己参演一部电视剧倒是一个不错的噱头。"阿涅斯先生，如果你看中了我的演技，看来我是个失败的投资者，如果你看中的是我的身份，那我倒是有兴趣试试。"

巴菲特并没有食言，他真的在阿涅斯的新剧《爱情》中扮演了一个总是唠唠叨叨的怪咖，赢得了观众的一致好评。一般而言，一些富豪和首席执行官之类的达官显贵，对娱乐圈的邀请总是避之不及，因为怕这类演出会使得自己平时维护的良好形象付之东流，但是巴菲特丝毫不介意在影视剧中出镜，他认为这是宣传自己公司的绝佳时机。一个成功的商人，应该利用最先进的媒介扩大影响。

巴菲特对自己的荧屏处女作总是津津乐道，他甚至将自己的演出工资和剧中的定妆照装裱好挂在了自己的办公室里。每次客户来到巴菲特的办公室，他总是饶有兴致地向对方介绍自己短暂的演艺生涯。其实，这也是巴菲特的一种自我营销策略，通过这种心理暗示告诉潜在的合作伙伴，自己并不是一个只知道挣钱的机器，而是有血有肉的性情中人。

从此，这次美好的荧屏回忆成为了巴菲特一生永恒的回忆。而他的性格中爱诙谐和表演的一部分潜能也被挖掘出来，他成了商界中的娱乐明星。一次，在朋友的聚会上，他的出场亮相引来了满堂喝彩，原来年近六旬的巴菲特，将自己打扮成美国著名的摇滚明星猫王的造型。举手投足间，还真有些摇滚明星的风范。

后来，在美国总统里根的国宴上，以及在奥斯卡奖的颁奖礼上，巴菲特更是尽显无厘头本色，他身穿白色西服，规规矩

矩地打上了黑色领结，好像是大一新生一样，自己的女友则穿着一套旧礼服，从外表看就像是在路边摊上淘来的破烂货。不过，两个人并不认为这有什么丢脸的，而是脸上洋溢着自信的微笑，和大家从容地打着招呼。第二天，巴菲特的造型立刻登上了主流媒体的头版头条，而巴菲特的伯克希尔·哈撒韦公司也成为了曝光率极高的公司，巴菲特的无厘头行为，无形中做了一次大广告。

巴菲特认为："人生如战场，每一次行动都必须全力以赴，而商场也如剧场，每个人都扮演着不同的角色。当下的社会，最重要的是眼球经济，不在乎你的演技好不好，也不在乎你是否有演戏的天赋，重要的是，让大家看到你的表演。"

在朋友的宴会上，巴菲特总是被安排在最重要的位置上，因为大家觉得他是个绅士，于是他的位置是全场男士的焦点——总是在本次聚会最重要的两位女性中间。大家以为，巴菲特会施展自己语言上的天赋，会从天气和娱乐八卦话题中找出交谈的共同点，实际上大家都误会了，巴菲特根本不愿意，也不屑于做无聊的自我表演，他做的一切都是和公司有关系的。

巴菲特常常向朋友们抱怨："这样的安排简直是侮辱我的智商，你想想看，在身边总是坐着两个陌生的女人，这不是吃饭，而是酷刑。"

从此，巴菲特的身上更增添了一层神秘感，这个古怪的亿万富翁总是被世人误解，但是他也懒得解释，这样，他就成了

美国文化中"酷"的象征，成为诸多仰慕者追逐的对象。只有巴菲特心里明白，自己并不是什么酷文化的领导者，而是笃信商场如剧场，他只是想在商场上获得更多的利润，在剧场里获得更多的心灵自由。

第四节 巴特勒法则

> 我们也会有恐惧和贪婪，只不过在别人贪婪的时候我们恐惧，在别人恐惧的时候我们贪婪。
>
> ——巴菲特

商界有一条巴特勒法则："所谓的社会财富，并不是金钱，因为社会进步的动力往往源自于人类渴望生存的本能需要。"这条巴特勒法则的核心观念是，人类并不是创造财富，而只是受到本能驱使的小丑。这条法则在华尔街往往屡试不爽，但"股神"巴菲特是巴特勒法则的一个例外。

华尔街精英的常用伎俩是散布所谓的内幕信息、信誉评级恐吓以及欺瞒大众从事投机活动，奥马哈市的美国第一资本合伙公司总裁迈克尔·燕妮，是巴菲特的多年挚友，他认为，这是狄更斯双城记中描写的最好的时代，又是一个最坏的时代，

因为华尔街上人们的贪婪已经超出了商业智慧的古训。

在这样一个浮躁狂热的时代里，巴菲特好像一个隐居于闹市的隐士，他并不急于挖掘所谓的内幕消息，而是运作管理一些最传统的企业。如有着百年历史的《世界百科全书》出版社，深受百姓喜爱的糖果公司——喜意糖果公司，还有著名的饮料公司可口可乐公司。巴菲特对这些企业并不存在任何投机心理，他将自己的投资策略定为——购买并长期持有。

巴菲特过着一种自由而散漫的生活，他的日常工作并不是四处去掌握收购信息，而是在办公室等待自己员工的调查电话，唯一令他感到兴奋的是，偶尔会有人打错电话，这时候，巴菲特会和电波那端的陌生人聊会儿天，对方根本想象不到，巴菲特这样的亿万富翁会和自己免费聊天，要知道，和巴菲特共进晚餐的费用是一个惊人的天文数字。

巴菲特认为，自己的财富并不属于自己，他来自于大众，必将回归大众，就像人，来自于尘土，也终将归于尘土。所以他早早地立下遗嘱，将自己财富的99%都捐献给基金会。

巴菲特说："我不仅要自己做慈善，而且我交朋友的标准也是这样，看对方有没有一颗发现真善美的心灵，如果他们能和我一样，关注那些因为贫困得不到更好生活条件的人们，那我们做的就是上帝的事业。"

沃伦·巴菲特的视野的确超越了现实世界，赢得了世界性的声誉。

1997年11月，巴菲特被《世界》杂志评为世界上最具影响力的年度人物之一，《世界》给出的评语称："巴菲特的影响力毋庸置疑，因为他不仅拥有巨额的财富，更拥有宽广仁慈的胸怀，他的最大任务就是使用和控制自己的影响力。"

巴菲特的伯克希尔公司，已经被膜拜者看作是一种精神象征，伯克希尔公司的每一次投资动向，已经被视为世界投资界的风向标。

2002年，《财富》杂志进行的一项全球调查发现，伯克希尔公司是全世界最受人尊敬的十家公司之一。仅排在了通用电气、沃尔玛和微软公司之后。巴菲特本人也被评为20世纪最受尊重的基金经理。

巴菲特依然儒雅风趣，举止沉稳。一次，伯克希尔公司的一位股东得知巴菲特钟爱桥牌运动，就送给他一盘桥牌运动顶尖高手沙立夫的录像带，这是沙立夫的比赛录像，这个股东在录像带上标注了一个便签，上面写着"表演秀才是我的职业，桥牌不过是我的兴趣"。

巴菲特看到标签微微一笑，觉得同事不过是嘲笑自己在附庸风雅，和自己开了一个善意的小玩笑。于是他写了一封短信回复说："谢谢您的好意，我心领了，我的确喜欢演讲胜过喜欢桥牌，不过我有一个疑问，如果我长时间看这个录像带，能不能像沙立夫那么英俊？"

一次，巴菲特要向一所大学的学生发表演讲，在演讲前的见面会上，有人问巴菲特："您是否需要特别的安全保护？"这是一个充满陷阱的语言游戏，因为如果回答说需要的话，显

得巴菲特对自己的演讲十分不自信，如果回答说不需要的话，那么演讲期间如果出现什么意外情况，就很难收场了。

巴菲特的回答显现出独特的巴氏幽默："我历来不需要任何的安全保护措施，因为我的讲演总是充满了欢乐，但是，因为这个过程总是很兴奋，我请求在大家入场之前，能不能检查一下大家是否携带着一些无核的红色的多汁果实——西红柿。"

Warren Buffett

第十一章　等一等灵魂的脚步

■ 第一节　生死顿悟

■ 第二节　办公室的诺亚方舟

■ 第三节　宅男的头脑风暴

Warren Buffett

第一节　生死顿悟

应该停下来，等等灵魂的脚步。

——巴菲特

　　股神巴菲特的私人电话很少。有人知道，巴菲特有个特殊的习惯，每次与人通话的时候，他总是先沉默不语，等待着对方说话，如果对方先叫出自己的名字，巴菲特马上和他通话，如果那个人先询问这是不是巴菲特的电话，他常常会立即挂断电话，只留下滴滴的电波声，和电波那端不知所措的致电者。

　　巴菲特有自己独特的识人和用人准则，比如，他经常用一种怪异的方法来判断一个人是否诚实。他经常在不经意的聊天中，问对方同一个问题，这种问话常常会持续几个月，巴菲特的记忆力惊人，他能记着每一次回答的细节，如果你的回答符合巴菲特的诚实准则的话，他就会把你当作一个朋友来看待，和你敞开心扉、无话不谈。如果你的回答闪烁其词或者观点游移，那么巴菲特就会认定你是一个不诚实的人，这样的话，他只会和你做单向的生意，他也许会向你推销自己的产品，却不会购买你的产品。这就是巴菲特独特的经商之道。

　　按照巴菲特的诚实法则，他将华尔街所谓的精英都定义为

一群骗子，他经常说："这些衣冠楚楚的禽兽，不能给客户带来利润，相反却总是以赚取客户利润来养活自己。堪称金融市场的吸血鬼。"

巴菲特的传记作者爱丽丝，可以说是这个世界上除了巴菲特的家人，和巴菲特聊天最多的女性，她以一个女性的独特敏感和一个记者的职业经验，记录了一个与众不同的巴菲特形象。爱丽丝为了写巴菲特的传记，和他进行了长达5年跨度的长谈，并采访了巴菲特近200位亲友，采访的原始素材堆积起来能有一幢房子那么高。

巴菲特是个奇特的综合体。一方面他在公共场合衣冠楚楚、侃侃而谈，似乎是一个无所不知的金融先知，但在私下里，他是个沉默寡言、喜欢静默思考的人。在外人看来，他无比热情，又无比慷慨，是世界著名的慈善家，但是在家人看来，他就是个彻头彻尾的吝啬鬼和脾气暴躁的大男子主义者。

从婚姻的角度，巴菲特是个不折不扣的失败者，因为常年关注股市，而忽略了家庭生活，1977年，巴菲特和妻子离婚，但是这种奇异的婚姻关系一直持续了很多年，虽然巴菲特和他的女友已经同居多年（这个女友居然是他的妻子苏珊介绍给巴菲特的），但是巴菲特心中苏珊才是自己的妻子，他对苏珊充满了爱意，他每天都要给自己的前妻打电话，嘘寒问暖，当看到苏珊接受癌症手术的时候，巴菲特表现得无比痛苦，痛不欲生。或许这次面对生与死的瞬间，改变了巴菲特的人生观，从此，他的思想从无比激进，变得温柔无比。巴菲特在妻子的生

死一线间，终于体会到了生命的价值，他降低了工作在生活中的比重，将家庭生活放在了生命中重要的位置。

巴菲特也很少关注财富的增减，他认为是不是世界首富已经没有任何意义了。尽管自己富可敌国，却无法挽救妻子的生命。所以，巴菲特在晚年，参透了生命的真谛。

爱丽丝也在写作的过程中有所顿悟，她阅读的是一个80岁老人的生命历程，并从中体味到人生百态。爱丽丝动情地说："巴菲特独特的人生经历，不仅仅是我的书写对象，而且也影响了我的生命价值观。从前，我是个忙碌的工作者，只看到眼前的活计，从来没有想过几十年后的自己是什么样子，但是自从写作巴菲特传记之后，我发现自己是个目光短浅的苟活者，我应该停下来思考一下，什么才是生命中最重要的。"

第二节　办公室的诺亚方舟

> 每天早上去办公室，我感觉我正要去教堂，去画神圣的壁画！
>
> ——巴菲特

伯克希尔公司总部，位于美国的一个小城市奥马哈市，幽默的巴菲特给这个总部起名为"世界总部"。令人难以置信

的是，这间声名赫赫的大公司竟然是租借的办公室，只有不到一个足球场那么大。巴菲特经常对员工说，我们的公司规模很大，但是面积很小，我们就把它叫诺亚方舟吧。实际上根据《圣经》上的记载，诺亚方舟的面积足有一个橄榄球场那么大，大致是巴菲特公司的两倍。伯克希尔公司总部设在一个不起眼的大厦——肯维特大厦第14层东南角的几间办公室里，这里平时看不到什么人出入，好像图书馆一般安静。在一个楼梯拐角显眼的位置上，贴着公司的信条。伯克希尔公司的信条只有一句话——赚取最大的利润，收购一间被低估价值的最伟大的公司，然后重复上面的步骤。巴菲特对伯克希尔总部的评价是："这是一个快乐的宫殿，更是一个生命最大的安全区，我们也许处在一个动荡的世界中，也许在生活中有着这样那样的不快乐，但是在这里，我希望大家做一个快乐的人，哪怕只有一个白天也好。"

巴菲特的快乐哲学也影响着他的员工，经常有员工和总裁开玩笑："我们的办公室只有一个足球场那么大，实际上，或许只有一个网球场那么大，很多人都好奇地问我，您的那些可口可乐箱子是怎么搬进我们的办公室的？"

在一些人的眼中，一个大公司至少应该金碧辉煌，装修高贵，有着红木家具和金丝绒的窗帘，而且在公司的大门上挂着庄重的警告语：公司重地，非请勿扰。但是伯克希尔公司的大门入口却简陋得有些寒酸，一扇破旧的木质大门，似乎有意无意地提醒那些入门办事的人，这里并不适合正襟危坐，要是你不喜欢这种风格，请绕道而行。有去过公司的人，这样描绘自己的感受："那扇破旧的木门好像是随时能掉下来，这根本不是一间大公司的门，而是一个装着笤帚和拖布的杂货箱的门，里面也简陋得无法想象，办公室的地面铺着陈旧的地毯和掉了漆的地板。"巴菲特的办公桌并不宽大，也不奢华，堆放着各种报刊杂志，穿着牛仔裤和高领衫的巴菲特常常将双腿放在办公桌上，听取秘书的汇报，然后打开自己的记事本，在上面记录一些神秘的、只有自己能看懂的符号。在巴菲特的记事本上，经常有自己的幽默题词，比如："如果有人发现了这些笔记本，请不要害怕，这也许是可怕的核战争的幸存物。"在公司总部大门上，悬挂着一个小小的瓷板，上面是巴菲特妻子给丈夫的留言："一个傻瓜和他的钱，不过这个世界都需要他。"或许，这是巴菲特公司最好的、最有名的注脚。

第三节 宅男的头脑风暴

> 我并不试图超过七英尺高的栏杆，我到处找的是我能跨过的一英尺高的栏杆。
>
> ——巴菲特

巴菲特的私生活，并不像他在大众中表现得那样个性十足，无比张扬，现实中他是一个含蓄羞涩的老头儿。

"他和不熟悉的人在一起时，会感到浑身不自然，甚至有点儿害羞。他甚至不喜欢各种各样的聚会，我曾经问过我的父亲，他一生中最大的理想是什么？他说他喜欢在只有一个房间的公寓里，只要有《华尔街日报》、一台电视机、一瓶可口可乐，他就会感到很幸福。"巴菲特的女儿苏珊这样评价她的父亲。

和朋友聚会的时候，巴菲特也不愿意成为全场瞩目的焦点，他真实的想法很简单，就是安静地坐在角落里喝着可乐，想着心事。他和普通的美国男人区别很大，并不喜欢在打扫得干干净净的院子里晒太阳，或者拿着大剪子修剪出干净整齐的草坪，邻居们甚至几个月也见不到巴菲特的身影，他喜欢呆在屋子里，而不是拿着喷壶在院子里走来走去。

即使在他的办公室里，每天接待的朋友和客户也是少得可怜，没有谁能知道巴菲特在干什么。他和外界的主要联系方式是通信和打电话，这种有些守旧的方式，在巴菲特看来却乐此不疲，觉得这种长距离的交流，能让思想停留得更久一些，能将自己的思想表达得更完整、准确。"为什么非要面对面地交谈呢？这样会显得很尴尬，尤其是当你没什么可说的时候。"巴菲特的理由非常充分。

巴菲特不愿与人交往，准确地说不愿意与陌生人交往，这并不是一种不自信的表现，试想一个敢于将自己的卧室走廊作为办公室和创业起点的人，还有什么困难不能克服呢？

巴菲特的轻度自闭倾向实际上是来自于他的谦虚本色，他觉得并不能给陌生的投资者带来什么有益的信息，

"我曾经照过镜子，但是我除了是一个胖子之外，什么都没能发现，我的一举一动并没有什么足够的魅力，我的语言也不过是一个已经成功的人的胡说八道，对新的投资者并没有什么实际的借鉴意义，所以我宁愿深居简出，闭嘴是我的最佳选择。"巴菲特有点自嘲地说。

巴菲特是金融投资界的权威，他慈祥乐观，平易近人，现在年事已高，大多数时间扮演着金融教父的角色，甚至有富翁坐着私人飞机来到奥马哈市，躬身向他讨教如何走出经济困境。

在巴菲特的身上，同时具有平易近人和老辣干练的个性，好像是历尽沧桑的睿智老人，又拥有着天真无邪的赤子之心。巴菲特的70岁寿宴，参加的各界政要星光熠熠，前总统里根、布什以及克林顿都陪在他的左右，一时间成为新闻界报道的焦点，《华盛顿邮报》的标题是"坐在总统们中间的帝王"。巴菲特对这样的报道并不感兴趣，认为这是无聊的炒作，他对政要举办的晚宴也毫无兴趣，在1993年9月，他甚至婉言谢绝了前总统克林顿共进晚餐的邀请。

尽管如此谦虚，但是巴菲特还是说出了他的投资秘诀，就是重要的事情马上去做，对于超出能力范畴之外的事情，他总是喜欢绕开它。因为他也是个普通人。

巴菲特总是说自己和普通人没什么差别，睡觉的时候，都

是躺在两米长的床上，上帝给的睡眠时间也都是8小时，上帝也不会在这8小时里和他单独说些什么秘密。

巴菲特的宅男生活其实也单调无比，比如他每周都要看几个小时的电视节目，他是个天生的数字和统计学狂人，在看节目的时候，尤其是看棒球比赛的时候，巴菲特总是能精确地记起几十年前的投掷记录，现在的球员击球的线路和几十年前的哪次比赛一模一样……

巴菲特对自己的记忆力非常自信："我对自己从来都没有缺少过自信，我也从没有感到过气馁，尤其是在记忆力方面。但奇怪的是，我对人名总是心不在焉，或许，他们实在是太不重要了，不是我应该关注的细节。所以我的记忆力好，也没有别的秘诀，不过是我把注意力放在了更重要的事情上面罢了。"这一点从他的办公设备也可以略见一斑，在他的办公室里没有计算器，甚至也没有电脑。"要那些东西干什么？现代化的办公设备简直可笑得要命，要知道，我自己就是一台电脑。"

事实上也的确如此，伯克希尔公司几十年的账目都保存在巴菲特的头脑中。条目清楚、数据清晰。比如，当有人来信询问公司的账目详情的时候，巴菲特总是在回信中一一列举，分毫不差。要是对方能知道，这一切都是一个年过古稀的老宅男坐在破旧的办公桌前，依靠记忆写出的数据时，一定会从椅子上跳起来。

在巴菲特的身上，总会发生一些不可思议的奇迹。

Warren Buffett

第十二章　上帝定义财富，
　　　　　我们定义幸福

■ 第一节　双面巴菲特

　■ 第二节　节俭的"圣诞老人"

　　■ 第三节　"股神"的接班人

Warren Buffett

第一节　双面巴菲特

> 思维枯竭的人，才会巧言令色。思想充
> 实的人，总是沉默谦逊。
>
> ——巴菲特

巴菲特是个和蔼可亲的老头，他强壮的身体配上宽大的玳瑁眼镜，根本不像是一个腰缠万贯的富翁，倒像是宾馆门口受人尊敬的为达官贵人服务的老门童。

如果你仔细观察巴菲特，就会发现他一头乱蓬蓬的头发和如奶油般洁白的双手极不相称。一方面，他是不修边幅的大学教授式的懒汉；另一方面，他又是极其注意个人卫生的人。和巴菲特私交甚好的朋友说："他只是不注重外表，因为在他看来，皱皱巴巴的西服和有些滑稽的短领带，不过是给别人看的，一个人最重要的不是外表光鲜，而是内衣要干净。"或许，正是这种独特的观念，使得巴菲特能够不在意外部的约束，而是听从内心的召唤，成为一代特立独行的经济大师。

在巴菲特的诸多演讲中，他总是给人一种高高在上无比自信的感觉，仿佛自己是君临天下的王者，而下面的听众不过是受到蛊惑的民众。但是在私下交流的时候，朋友们发现巴菲特

和创造世界名牌的人

一起放飞梦想

Let the dream fly

总是异常尊重对方的意见，他把对方看作是和自己一样高智商的人，他发音清楚思路缜密，用大家都能听懂的语言，将深奥的经济学原理讲得深入浅出。

1986年夏天，巴菲特接受了美国著名的杂志《西海岸经济》和《华盛顿邮报》的联合专访。

"我特意打扮了一下，免得我的装束，这样不重要的问题，又会成为你们的谈资。"巴菲特进门就开门见山，将大家的注意力引向了自己新买的裤子和合体的西服。然后他又和在座的记者朋友开起了玩笑："告诉你们一个秘密，那个为我裁剪西服的裁缝告诉我一句话，解决了困扰我很多年的疑问，他说之所以我穿什么衣服都不好看，其实不是我的错，应该怪我的爸爸妈妈，因为他们将我生得不够匀称。"

《华盛顿邮报》的著名记者凯瑟琳·格雷厄姆夫人是巴菲特的老朋友，她回忆起巴菲特的一件囧事。

"众所周知，巴菲特是一个节俭无比的人，一次，我们同坐一个航班，正好我要打一个电话，需要10美分硬币，当我向他借钱的时候，他却快步走向服务台，拿着25美分去兑换零钱，我只好大声喊叫：沃伦，没关系，25美分的硬币也可以打电话，而且通话时间能更长一些！他这才羞涩地递给我那些被他攥了很久的硬币。"大家发出了友善的笑声，对巴菲特的专访，成了老朋友的"揭短"大会。

凯瑟琳·格雷厄姆夫人又回忆起了巴菲特的另一件趣事："一天，我正在家里读着格雷厄姆教授写的一本书，这是

我从巴菲特的朋友那里转借过来的。忽然我接到了那个朋友的电话，告诉我要快点读完那本该死的会计书，因为巴菲特已经打了四次电话催促了，要是归还给奥马哈市图书馆晚了一天，他就要缴纳10美分的罚款。"

"巴菲特的一生，精力充沛又神秘无比，坚定果断又热情风趣。引人入胜的并不是他有多么英俊，或者什么独特的人格魅力，相反，他的不修边幅和坦率真诚，使他成为一代美国人的精神偶像。"专栏作家约瑟夫这样评价巴菲特，他对巴菲特也充满了敬佩之情："最神奇的是，他对数字有天生的敏感，不夸张地说，他只要在一家上市公司的年报上扫一眼，从负债率和盈利率中，他就能发现字里行间的奥秘，就会马上明白是否值得和这家公司休戚与共。要知道，他是经济领域中和上帝最接近的人，这个神一样存在的人告诉我们：天才的出现是不受环境限制的，相反他能创造一种新的流行风尚，所以，巴菲特只能被模仿，却无法被超越。"

而在巴菲特朋友凯瑟琳的笔下，是这样描绘巴菲特的："他有一双浓密的眉毛。这双充满野性的眉毛，配上他乱蓬蓬的像是随时要飞翔的乱发，让他有种玩世不恭的味道，嘴边深深的皱纹，显示着他调皮的一面，而当他全神贯注思考的时候，他又会像严肃的战神阿波罗。他走路的样子可以说笨拙极了，像个大猩猩一样古怪。但是一旦他开口说话，你就会被他迷住，因为他的幽默和坦率，是最好的武器。也许，他身边的任意一个朋友都能随口说出他奇善无比的逸事，可是他又将几乎全部的身家捐献给了这个世界。可以说，双面巴菲特，是更迷人的巴菲特。"

凯瑟琳专访的标题就是《双面巴菲特》，配的题图是一个合成图片，巴菲特一半身子穿着笔挺西装，一半身子穿着松松垮垮的T恤衫，他微微上扬的嘴角，好像露出了一贯的桀骜不驯：怎么样？这就是我！

第二节　节俭的"圣诞老人"

我之所以成为世界首富是因为我花得少。

——巴菲特

巴菲特是世界富豪，很多人会觉得他的生活会极尽奢华，但实际上，巴菲特是一个极为节俭的人。

一次，一个五星级酒店的经理打电话给伯克希尔公司，询问巴菲特董事长是否需要一种增值服务——伯克希尔公司这样的全球性的企业，一定会在世界各地召开公司会议，该酒店会提供全球各地的晚餐预订服务。巴菲特办公室的凯瑟小姐马上礼貌地回绝了这个提议，因为她知道，巴菲特绝不会去那些五星级酒店享用晚餐。他平时最爱吃爆米花、薯条与可乐，这些在街边的快餐店就可以随处买到。如果你在美国棒球大联盟的观众席上看到巴菲特，他一定是在旁若无人地从纸筒里抓爆米花吃。

巴菲特的饮食习惯有些像时下的年轻人，不会早晨从温暖的被窝爬起来锻炼，每天的运动都是在跑步机上完成。虽然他最近有些收敛，但是油炸薯条和油炸玉米饼仍然是他的最爱，令人感到惊奇的是，一年一次的例行身体检查，巴菲特的身体并没有什么异样，医生们甚至宣布巴菲特的器官功能棒得像个小伙子。

因为他的生活习惯非常随意，所以他根本没有带着零钱的习惯。这样一来，他的生活不免闹出一些尴尬的囧事。

一次，巴菲特到临近的古德瑞酒店吃饭，要了一杯可乐、一包薯条，还有一小包爆米花。可是，等到巴菲特狼吞虎咽吃完之后，发现兜里并没有足够的零钱，只有支票簿。

维吉尼亚·普拉蒂女士正好也在这家酒店就餐，她是奥马哈市中学的一名音乐教师，和巴菲特母亲是打桥牌的牌友。她正巧目睹了这一幕，于是友好地走上前问道："沃伦，看你的样子，是不是需要我的帮助呢？"

"太好了，尊敬的维吉尼亚夫人。我还真有点麻烦，是这样，我的零钱不够了。这顿饭需要3.49美元。"巴菲特感到局促不安，因为这样的场面实在是很尴尬。

巴菲特身上只有一个支票簿，维吉尼亚夫人走到吧台，替他付了账。

维吉尼亚夫人过后就忘记了这件事，没想到几天之后，巴菲特竟然郑重其事地寄来了一张支票，支票的面额是5美元。

维吉尼亚夫人觉得很意外，她并没有打算兑现这张支票，因为这是股神亲笔签名的支票，于是她给巴菲特打了一个电话，告诉他钱寄多了。

维吉尼亚夫人的本意是想告诉巴菲特，这是一件小事，不必放在心上。没想到巴菲特极其认真，竟然让自己的母亲在和维吉尼亚夫人打桥牌的时候，带去了3.5美元。

巴菲特做任何事都很认真，甚至到了锱铢必较的程度。他不希望自己亏欠别人，也不希望别人认为自己有钱，就能挥霍无度。

一次，巴菲特前往自己最喜欢的汉堡店，在结账的时候，巴菲特出示了一张可以优惠两美元的优惠券，汉堡店的女招待维斯小姐至今还记忆犹新，巴菲特半开玩笑半是认真地说："最好能在您的账单上体现出来。"维斯马上打出了账单，巴菲特仔细看了半天，确证了优惠券在账单中体现出来了。才放心地将账单叠好，放在了西服兜里。

沃伦·巴菲特尽管腰缠万贯，仍然过着简朴的生活。他从来不去追逐什么流行风尚，更对很多富豪的烧钱行为表示不屑一顾，认为那不过是暴发户的心态，并不能带来什么人生的意义。

83岁的巴菲特还如年轻时一样风风火火、讲求实际。他开着那辆20年前买的林肯汽车，住在50多年前买的老房子里面，怡然自得，安然度日。虽然这幢靠近费南慕斯大街上的房子现在已经升值到50万美元，但是在巴菲特看来，这些金钱符号毫无意义，他并不打算出售这个老宅："房子升值对我来说没有任何意义，倒不是因为我现在不缺钱，而是没有换的必要。因为小孩子都知道，一件不能用来交易的东西就只有使用价值，我不能出售这栋房子，因为它是我青春创业的记忆。"

奥马哈市的民众对巴菲特非常熟悉和敬仰。没准你就会在街边的超市看到巴菲特在往后备箱里搬可口可乐，或者在街边的咖啡馆里看到巴菲特在悠然自得地看着报纸，巴菲特已经成了这个城市的名片和象征。

这个世界上，或许没有人见过圣诞老人的模样，但是奥马哈市的民众坚持认定，圣诞老人就是巴菲特的样子：平和的脸上永远洋溢着慈祥的微笑。在奥马哈市的幼儿园，很多小孩子的画里面，圣诞老人的脸上被固执地画上了巴菲特招牌式的玳瑁眼镜。

巴菲特也以行动来回馈社区和喜爱他的人。巴菲特基金会向奥马哈市公立学校捐款1000万美元，每年奖励最优秀的15名教师，以及表现最好的15位家长。巴菲特认为，最好的老师就是最宽厚的师长，是孩子成长中最重要的影响因素。而最好的家长就是鼓励孩子有自由创造力的家长，他们会将民主与自由的观念，乐观与善良的美德，一代一代传播下去，所以这样的捐款是值得的，因为这些钱资助了美国的未来。

和创造世界名牌的人

一起放飞梦想

Let the dream fly

第三节 "股神"的接班人

> 那些最好的买卖，刚开始的时候从数字
> 上看，几乎都会告诉你不要买。
>
> ——巴菲特

2012年4月18日，沃伦·巴菲特突然向世人宣布了一个惊人的消息：自己已经罹患前列腺癌。坏消息是这个病可能会影响伯克希尔公司的股价，好消息是巴菲特一如既往地乐观，他认为这个病症发现得比较及时，暂时还不会有生命危险。

消息一出，伯克希尔·哈撒韦公司的股东和巴菲特的崇拜者无不惊讶，因为在他们的心目中，早已过了古稀之年的巴菲特，是永远不老的"股神传说"。这则重磅炸弹一样的消息，不禁让人思考一个问题：巴菲特之后，谁来接班？

白宫新闻秘书杰伊·卡尼证实，美国总统奥巴马也十分关注巴菲特的病情，亲自致电安慰"股神"，并祝愿他早日恢复健康。

这年秋天，巴菲特在美国接受了先进的射波刀治疗，术后效果良好，巴菲特的身体在逐渐康复中。在和记者的电话连线中，巴菲特不时爆发出爽朗的笑声，他说希望自己能长命百岁。

虽然巴菲特一直没有宣布接班者的人选，但是在检查出患有早期前列腺癌之后，巴菲特突然将接班人的问题提出来了。在美国广播电视公司每周末播出的《每天60分》访谈节目中，沃伦·巴菲特当着千百万美国观众宣布，他的大儿子霍华德在伯克希尔·哈撒韦公司中会担任更重要的角色。

巴菲特说："每个人都会走到那一天，就是走到生命的终点，但是我们的事业还是要进行下去，是时候选择一个接班人了。只要董事会批准，但愿他们批准，霍华德就会成为公司财产的新守护者，不过需要说明的是，霍华德只是非执行董事会主席，并没有什么实际的权力，也不拿一分年薪。当然，前提是我要见上帝了。或许，这一天30年后才到来……"

巴菲特并没有特意培养所谓的接班人，他只是让几个子女按照自己的天性任意发展，因为他觉得按照自己的模式培养孩子，无异于扼杀他们自由选择的权利和自由发展的天性。"我是一个合格的父亲，而不是一个扼杀孩子童年的杀手。"当《纽约时报》采访巴菲特的时候，巴菲特幽默地说。

记者问："可是您捐出了绝大多数财富，这是不是意味着您的子女将一无所有？"

"这要看你如何定义财富了！我觉得人生最大的财富，是乐观的态度，自信的品格，勇敢的作风还有独立思考的能力。如果你具备了这四个要素，你就拥有了快乐而丰富多彩的人生。钱财并不会让人成长，相反，会消磨掉你的创造力和激情。所以，从这个角度讲，我已经把我身上最伟大的财富留给我的孩子们了。"

巴菲特常常以自己子女取得的成就感到骄傲无比。因为他认为自己将最伟大的品格——独立思考、自由言说的品格传递给了三个子女。

巴菲特是这么说的，更是这么做的，在一片唯唯诺诺的美国商界，他一直是一个特立独行的另类、异数。比如，2011年夏天，巴菲特的一篇文章引起了轩然大波。他在著名的《纽约时报》上发表了一篇文章，他的主要观点是，富有的美国人应该缴纳更多的税款，为这个世界的改变做出自己的贡献。

在这篇题为《别惯着富翁了！》的文章中，巴菲特不无辛辣地嘲讽美国的现状：一些中产阶级和平民阶层的孩子，背起枪去阿富汗和伊拉克战场，充当无意义的炮灰，而官二代和富二代们，却能毫发无损，且宝马香车、穷奢极欲。这种不公平的现实，其实来自于一个扭曲的金融市场——资本会轻易获得更多的利润，而劳动付出只会带来微薄的薪水。

有人说巴菲特是一个愤怒的老人，说他的思想很偏激，更有甚者认为这不过是个哗众取宠的言论而已，目的是为了讨好新总统奥巴马的财政规划。但是熟悉巴菲特的人都知道，巴菲特永远是如此的言辞犀利，直言不讳，他认为自己的思想来自于独立的观察和思考，所以总是语出惊人。

巴菲特的大儿子霍华德，继承了父亲的好斗和思辨的基因，这个貌不惊人的农场主，不仅仅会管理自己的农场，还对金融市场有着独到的理解，经常将父亲辩驳得哑口无言。于

是，巴菲特做出了霍华德接班的决定。

巴菲特给自己的接班人五点忠告：

第一，这个世界没有什么是确定的，于是我们需要坚持价值投资的理念，选择优质股份来投资，而不是盲目跟风。

第二、金融市场还会延续震荡的格局，所以，每一次的探底都是我们获取更多筹码的最佳时机，正如黎明之前的暗夜。

第三，总会有各种各样的坏消息，如果你实在拿不准主意投资什么类型股票的时候，那你就要毫不犹豫地买进银行股。

第四，股市大跌的时候，并不是世界末日，永远记住，要在别人恐惧的时候贪婪，在别人贪婪的时候恐惧。

第五，欧洲债务危机需要一个漫长的解决过程，同样的道理，也是我们吸纳筹码最好的机会，要知道，一个人走上坡路，总是会慢一些的。

这些忠告，更像是一个睿智的老人的临别赠言，闪烁着智慧的光辉，又让人伤感无比，因为，一个时代再辉煌灿烂，也会有含泪谢幕的那一瞬间。

结　语

巴菲特的一生，总是伴随着各种质疑和阴谋论，大家纷纷质疑他的财富积累方式，大家引用了那句名言：资本来到世间，每个毛孔都滴着血和肮脏的东西。但是巴菲特用一个出乎意料的举动，来证明了自己的清白和高尚的人格。

2006年6月26日，巴菲特举办了一个声势浩大的记者会，对着近千名来自世界各地的记者，巴菲特郑重宣布，将在自己的有生之年捐赠出伯克希尔·哈撒韦公司股票价值的绝大多数，当时的美元比值为近400亿美元。

这是一次史无前例的捐赠活动，也是世界上最大的一笔个人捐赠。出乎大家意料的是，巴菲特的捐赠并没有流向自己家族的基金会，而是将这笔捐赠的80%以上捐给了比尔·盖茨名下的基金会。巴菲特和比尔·盖茨，两个世界上最有钱的男人，决定用一生的财富，让世界变得更加美好。

巴菲特对捐赠只附带了一个条件，就是这笔捐赠并不能用于维持基金会日常的工作开销，而是全部无偿捐给那些真正需要帮助的家庭和个人。

最初，巴菲特的家人对他的善举有些不理解，倒不是因为他捐出了自己的大部分身家，而是因为他将善款捐给了别人的基金会，而不是自己家族的基金会，这让巴菲特家族的人感到不理解，因为大家有一个一致的心愿——成为世界历史上最伟大的基金会组织。

于是，巴菲特开始忙着安慰自己的家人，他先是宣布要将剩下的公司股票捐给自己家族的基金会，然后郑重地说："一个基金会组织，最重要的不是强调所谓的规模，因为这样还是陷入了一种争名逐利的怪圈，如果我们的财富，在别人的基金会中能发挥更大的作用，我们为什么不去做呢？"

巴菲特，这位世界第二富豪，将自己毕生的财富留给了世界。他一生都在不断地寻求财富，却在生命的暮年，让这些财富又回到了大众的手中，很多评论者说："巴菲特或许追逐的并不是所谓的财富，而是一种人生经历的丰富，一种道德的升华。"

巴菲特并没有留下以自己名字命名的基金会组织，也没有将金钱用于刻着自己名字的大学、图书馆。他的财富，好像是一滴水，融入到了海洋里，悄无声息，又无比伟大。

巴菲特创造了一种捐赠的新模式，因为他的捐赠是最彻底的捐赠，并没有创造一个属于自己的基金会帝国，更没有在世间留下一尊雕像，让人感恩、膜拜，而是真正做到千金散尽，不求名利。

其实，沃伦·巴菲特善举源自于他独特的财富观念和哲学思想。他是一个讲究效率的投资者，对捐赠款的要求只有一条——要积极有效地使用。也许很难想象，那个曾经连储蓄罐都不许家人触摸的小男孩，已经历经人世沧桑，成长为一个散尽数百亿美元的大慈善家了，这中间的转变和成长，显然不是单调的时间刻度可以涵盖的。

在捐赠仪式的发言中，巴菲特穿着笔挺的西服，激动地说："我很激动，在我的眼前，出现了两个场景，一个是小时候，我一遍一遍地向浴缸里弹珠，然后试图在下一次打破我的记录，另一个就是几十年前，我的朋友们将10万美元交到了我的手里，我在心里一遍一遍地盘算着，如何实现朋友的嘱托和信任。结论是，我的朋友们相信我会做得更好，最重要的是，我一直相信，我会做得更好，最好的投资，就是下一次的投资。"

巴菲特清了清嗓子，环顾一下四周，在大家雷鸣般的掌声中接着说："我的一生都在追逐财富，但是50年后的今天，我发现把财富握在自己的手中，不如松开手，让它们变成世界的财富，其实，它们本来就来自于这个世界。从今天开始，我就不知道这些财富将要去向何方，但有一点可以肯定，它们会出现在你们中间，出现在大家最需要帮助的时刻，我相信，这也是上帝的旨意。"

巴菲特说的没错，他终于找到了财富的归宿，也找到了自己人生的归宿。